Informatik aktuell

Herausgeber: W. Brauer
im Auftrag der Gesellschaft für Informatik (GI)

Wolfgang A. Halang
Peter Holleczek (Hrsg.)

Aktuelle Anwendungen in Technik und Wirtschaft

Fachtagung des GI/GMA-Fachausschusses
Echtzeitsysteme (real-time)
Boppard, 27. und 28. November 2008

VDI/VDE-Gesellschaft
Mess- und Automatisierungstechnik

 Springer

Herausgeber

Wolfgang A. Halang
FernUniversität in Hagen
Lehrstuhl für Informationstechnik,
insb. Realzeitsysteme
58084 Hagen
wolfgang.halang@fernuni-hagen.de

Peter Holleczek
Regionales Rechenzentrum
der Universität Erlangen-Nürnberg
Kommunikationssysteme
Martensstraße 1, 91058 Erlangen
peter.holleczek@rrze.uni-erlangen.de

Programmkomitee

R. Arlt	Hannover
J. Bartels	Krefeld
J. Benra	Wilhelmshaven
F. Dressler	Erlangen
W. Gerth	Hannover
W.A. Halang	Hagen
H. Heitmann	Hamburg
P. Holleczek	Erlangen
R. Müller	Furtwangen
F. Saglietti	Erlangen
G. Schiedermeier	Landshut
U. Schmidtmann	Emden
U. Schneider	Mittweida
H.F. Wedde	Dortmund
H. Windauer	Lüneburg
D. Zöbel	Koblenz

Bibliographische Information der Deutschen Bibliothek
Die Deutsche Bibliothek verzeichnet diese Publikation in der Deutschen Nationalbibliografie; detaillierte
bibliografische Daten sind im Internet über http://dnb.ddb.de abrufbar.

CR Subject Classification (2001): C3, D.4.7

ISSN 1431-472-X
ISBN-13 978-3-540-85323-7 Springer Berlin Heidelberg New York

Springer Berlin Heidelberg New York
Springer ist ein Unternehmen von Springer Science+Business Media

springer.de

© Springer-Verlag Berlin Heidelberg 2009

Satz: Reproduktionsfertige Vorlage vom Autor/Herausgeber
Gedruckt auf säurefreiem Papier   SPIN: 12466221   33/3180-543210

Vorwort

Der seit 1980 immer im Spätherbst zu Boppard stattfindende und mittlerweile schon zur Tradition gewordene „PEARL-Workshop über Realzeitsysteme" zunächst des PEARL-Vereins e.V. und dann der Fachgruppe Echtzeitprogrammierung und PEARL der Gesellschaft für Informatik e.V. (GI) kommt in diesem Jahr mit einigen Neuerungen daher.

Da ist zuerst der neue Untertitel „Echtzeit 2008" anstelle von „PEARL 2008" zu nennen, der jedoch mitnichten eine Abkehr von der Echtzeitprogrammiersprache PEARL bedeutet. Im Gegenteil, die Fachgruppe hat sich die Pflege dieser bewährten und mittlerweile auf ihrem Gebiet weltweit konkurrenzlos dastehenden höheren Programmiersprache auf ihre Fahnen geschrieben, wozu auch die in einigen Jahren vorzunehmende Weiterentwicklung der Norm DIN 66253-2 dienen wird.

Der neue Untertitel reflektiert nur die durch die Fusion mit der Fachgruppe Echtzeitsysteme der GI vollzogene organisatorische Veränderung, durch die sie zu einem gemeinsamen Fachausschuss unter dem Namen Echtzeitsysteme der GI und der GMA, der Gesellschaft für Mess- und Automatisierungstechnik, geworden ist, wobei es sich bei letzterer wiederum um eine gemeinsame Fachgesellschaft des Vereins Deutscher Ingenieure e.V. (VDI) und des Verbandes der Elektrotechnik Elektronik Informationstechnik e.V. (VDE) handelt. Nach dem Motto „nomen est omen" stellen Fachausschuss und Fachtagung mithin die ersten Adressen für die Gebiete der Echtzeit- und der eingebetteten Systeme im deutschsprachigen Raum dar.

Der Fachausschuss fühlte sich schon immer der Nachwuchsförderung verpflichtet. Als konkrete Maßnahme dazu hat er in diesem Jahr zum ersten Male drei Diplomarbeitspreise für Studienabschlussarbeiten ausgelobt und vergeben. Wichtiger aber als der Geldpreis ist, dass die Preisträger zur aktiven Teilnahme an der Tagung eingeladen werden. Dies umfasst die Erstellung schriftlicher und im vorliegenden Tagungsband abgedruckter Beiträge sowie deren mündliche Präsentation im Rahmen der vierten Sitzung bei der Tagung in Boppard.

Eine weitere Neuerung in diesem Jahr ist schließlich, beim Tagungsthema zur ersten Male den Blick über den Tellerrand von den bisher allein betrachteten eher technischen Anwendungen von Echtzeitsystemen hin zu solchen im Wirtschaftsleben und Finanzwesen erweitert zu haben. Die dazu eingegangenen Beiträge sind in der ersten Sitzung zusammengefasst. Sie beschäftigen sich mit Fragen aus Logistik und Verkehr.

Traditionsgemäß ist eine Sitzung der Hochschulausbildung im Bereich der Echtzeitsysteme gewidmet. Hier erfahren wir auch über den Stand der Entwicklung eines neuen, äußerst preisgünstigen PEARL-Rechners. Die übrigen beiden Sitzungen lassen sich unter dem Leitthema Vorhersehbarkeit des Ausführungsverhaltens einordnen. Eine beleuchtet dies für Kommunikationsvorgänge und die andere hinsichtlich Befehlsverarbeitung und Speicherverwaltung im Rechnerkern.

Mit leichtem Druck auf einige Autoren wurde erreicht, dass sie von Word abließen und alle Beiträge zur Verarbeitung mit dem Formatierungssystem La-TeX vorbereiteten. Im Ergebnis kommen alle im Tagungsband enthaltenen Kapitel in einheitlichem Erscheinungsbild daher. Die Herausgeber bedanken sich bei den Autoren sehr herzlich für dieses Entgegenkommen und für die zumeist vorzeitige Ablieferung ihrer Beiträge. Im Ergebnis gestaltete sich die Fertigstellung des druckfertigen Manuskripts als völlig stressfrei. Unser besonderer Dank gilt Frau Dipl.-Ing. Jutta Düring für ihre wertvolle Mitarbeit bei der Formatierung des Tagungsbandes.

Das Programmkomitee und das Leitungsgremium des Fachausschusses wünschen den Teilnehmern der Fachtagung einen intensiven und anregenden Erfahrungsaustausch sowie den Lesern des vorliegenden Bandes eine interessante Lektüre.

Hagen   Erlangen

im September 2008

Wolfgang A. Halang   Peter Holleczek

Inhaltsverzeichnis

Logistik und Verkehr

Ausbildung

Kommunikation

Studentische Beiträge

Forschung

Echtzeiterkennung von befahrbaren Bereichen in urbanen Szenarien

Kai Berger, Christian Linz, Christian Lipski, Timo Stich, Marcus Magnor

Institut für Computergrafik,
Mühlenpfordtstraße 23, 38106 Braunschweig
{berger,linz,lipski,stich,magnor}@cg.tu-bs.de

Zusammenfassung. Unser Artikel beschreibt ein Echtzeitverfahren zur kamerabasierten Fahrbereichserkennung, welches in urbanen bzw. ländlichen Fahrszenarien eingesetzt wird. In dem Eingabebild eines monokularen Kamerasystems, welches auf dem Dach eines Automobils in Fahrtrichtung montiert ist, wird pro Zeitschritt ein kleiner Bereich vor der Motorhaube als befahrbar vorausgesetzt. Der Algorithmus berechnet die vorherrschenden Farben innerhalb dieses befahrbaren Bereiches und vergleicht die Farben mit den Farbwerten jedes Pixels im Eingabebild: Je ähnlicher die Pixelfarben zu den vorherrschenden sind, desto höher ist die Wahrscheinlichkeit, dass die entsprechenden Bereiche befahrbar sind. Um den Algorithmus auch im städtischen Umfeld einsetzen zu können, muss ein vorverarbeitendes Modul vorgeschaltet werden, welches Fahrspuren, Schatten und überberbelichtete Bereiche ausmaskiert und in der entgültigen Befahrbarkeitskarte als unbekannt (rot) markiert. Weiterhin wird ein dynamisches Suchpolygon vorgestellt, um den Algorithmus unabhängig von weiteren Eingabesensoren zu gestalten.

1 Einleitung

Das im folgenden beschriebene Verfahren ist ein Teil der Software, die im autonomen Fahrzeug *Caroline* verwendet wurde. Caroline hat im Finale der *DARPA Urban Challenge 2007* teilgenommen. Der vorgestellte Algorithmus ist unabläßlich in Situationen, in denen die Fahrbahnfläche von anderen Sensoren nicht ausreichend klassifiziert werden kann, z.B. auf Straßen ohne Fahrspurmarkierungen bzw. ohne ausreichend hohe Bordsteinkanten oder auf Feldwegen.

Um ein besseres Verständnis der Aufgabe des vorgestellten Algorithmus zu bekommen, ist ein kurzer Überblick über die im Fahrzeug verwendete Sensorik notwendig. Diese unterteilt sich in aktive Sensoren (drei Laserscanner, zwei Radar-Sensoren und zwei Lidar-Sensoren), welche große Objekte, wie Mauern, Autos oder Straßensperren wahrnehemen sollen und passive Sensoren (7 Kameras), welche Straßenmarkierungen [5] und die Befahrbarkeit des Untergrundes [4] erkennen sollen. In einer nachgeschalteten Sensorfusion werden die einzelnen Informationsquellen in einer 2D-Karte fusioniert. Zwei Laserscanner werden von einem Bodenerkennungsmodul zur Rekonstruktion der Oberflächengeometrie ausgelesen, um kleine Hindernisse oder unebenes Terrain zu umfahren. Fahrspurmarkierungen und Stoplininen werden von einem Modul zur Fahrspurerkennung mit Hilfe vierer Farbkameras wahrgenommen. Die künstliche Intelligenz wertet daraufhin alle vorliegenden Informationen aus und berechnet eine optimale Trajektorie, welche an die Lenk- und Beschleunigungsaktorik des Fahrzeugs gesendet wird.

2   Stand der Technik

Die wesentliche Grundlage für die folgenden Betrachtungen bildet der Algorithmus auf der folgenden Seite, welcher von Thrun et al. [1] vorgestellt und ausführlich in der DARPA Grand Challenge im Oktober 2005 ausgetestet wurde. Die Idee ist, in einem gegebenen Kamerabild einen kleinen Bereich als befahrbar anzunehmen und die darin enthaltenen Farben mit dem gesamten Bild zu vergleichen um ähnliche Farben als befahrbar zu markieren. Allerdings ist der Algorithmus nur für Geländefahrten entwickelt worden um den Anforderungen der Grand Challenge zu genügen. Der im folgenden vorgestellte Algorithmus erhält zusätzlich als Eingabe die Tiefenwerte eines Laserscanners. In einer Höhenkarte werden die Scanlinien normalerweise über die Zeit ausgewertet. Um die Datenmenge, die zwischen Laserscanner und dem Algorithmus ausgetauscht wird, gering zu halten, wird pro Zeitschritt ein Hüllpolygon definiert. Dieses umfasst den Bereich vor dem Auto in der Höhenkarte, welcher als befahrbar betrachtet wird. Das übertragene Polygon wird dann in die Bildkoordinaten der Eingabekamera transformiert und gegebenenfalls geclippt, so dass es nun den befahrbaren Bereich im Bildraum markiert. Alle Farben innerhalb dieses Bereiches werden nun betrachtet und statistisch ausgewertet, um die vorherrschenden Farbtöne zu bestimmen, z.B. straßengrau oder grasgrün. Diese Farbtöne werden nun mit allen Pixeln im aktuellen Kamerabild verglichen, wobei ein im verwendeten Farbraum anwendbares Distanzmaß benutzt wird. Ist die resultierende Distanz eines Pixels kleiner als ein vorgegebener Schwellwert, wird der Pixel und damit der Bereich in der Welt, den er abbildet, als befahrbar angenommen. Zusammengefasst erweitert der Algorithmus den Bereich vor dem Auto, über den eine Aussage zur Befahrbarkeit des Untergrundes getroffen werden kann, von einigen wenigen Metern auf über 50 Meter. In der städtischen Umgebung stößt das beschriebene Verfahren an seine Grenzen und muß weiterentwickelt werden. Beim intensiven Testen des Algorithmus in städtischer Umgebung sind neue Probleme festgestellt

---

Algorithm 1: Der grundlegende Algorithmus zur Berechnung befahrbarer Regionen

---

Data: Das Eingabe-Bild I_{kamera} und das Laserscanner-Polygon $P_{Scanner}$.
Result: Ein klassifiziertes Bild $I_{befahrbar}$.

```
 1  begin
 2  │  Hole das Eingabe-Bild I_kamera und das Laserscanner-Polygon P_Scanner
 3  │  Kopiere I_kamera nach I_befahrbar
 4  │  Erstelle eine Liste der aktuellen Farben von den Bildpixeln von I_befahrbar
 │     die innerhalb P_Scanner sind
 5  │  Berechne daraus n vorherrschende Farben und verbessere diese mit
 │     Cluster-Methoden (z.B. EM-Algorithmus [2], [3])
 │     /* Füge diese n Farbverteilungen in eine Liste von m > n
 │        Farbverteilungen                                              */
 6  │  if Die Listengröße kleiner m ist then
 7  │  │  Füge den Wert in die Liste ein
 8  │  else
 │  │     /* Vergleiche jede Farbverteilung i aus n mit jedem j aus m
 │  │        mit Mahalanobis-Dist. d(i,j) = (μ_i − μ_j)^⊥ * (Σ_i + Σ_j)^{−1}(μ_i − μ_j)  */
 9  │  │  foreach Farbverteilung j do
10  │  │  │  Speichere die kleinste Farbverteilung d(i,j) und die Position j
11  │  │  end
12  │  │  if d(i,j) ist kleiner oder gleich einem Schwellwert φ then
 │  │     /* Farbverteilung j wird angepasst an Farbverteilung i      */
13  │  │  │  μ_j ← 1/(α_i+α_j) (α_i * μ_i + α_j * μ_j)
14  │  │  │  Σ_j ← 1/(α_i+α_j) (α_i * Σ_i + α_j * Σ_j)
15  │  │  │  α_j ← α_i + α_j
 │  │     /* Dabei ist α die Gewichtung der Verteilung je nach
 │  │        Anzahl der zu Grunde liegenden Farben                    */
16  │  │  else
17  │  │  │  Ersetze die Farbverteilung k mit der kleinstem α_k durch i
18  │  │  end
19  │  end
20  │  foreach Gespeicherte Farbverteilung j do
21  │  │  Multipliziere das Gewicht α_j mit einem Faktor γ < 1
 │  │     /* So wird das Gewicht der Verteilung pro Frame geringer     */
22  │  end
23  │  foreach Pixel des Bildes I_befahrbar do
24  │  │  foreach Gespeicherte Farbverteilung j do
25  │  │  │  Berechne die Verteilung p(x, μ_j, Σ_j) mit der Verteilungsfunktion
26  │  │  │  if p(x, μ_j, Σ_j) ist größer als ein Schwellwert χ für ein gegebenes j
 │  │  │     then
27  │  │  │  │  Klassifiziere den Pixel x als befahrbar
28  │  │  │  else
29  │  │  │  │  Klassifiziere den Pixel x als nicht befahrbar
30  │  │  │  end
31  │  │  end
32  │  end
33  end
```

worden, da die Straßen nun andersgefärbte Fahrbahnmarkierungen besitzen und große Gebäude weite Schatten über die Straße werfen. So kommt es vor, dass sich gelbe Fahrbahnmarkierungen, wie sie z.B. in den USA vorkommen, nicht innerhalb des Bereiches befinden, der vom Laserscanner als befahrbar erkannt wird ($P_{Scanner}$). Infolgedessen sind sie im Kamerabild als nicht befahrbar markiert. Eine durchgezogene Linie in der Mitte der Fahrbahn verhindert z.B. einen Fahrspurwechsel, während Stoplinien als blockierende Objekte vor dem Auto erkannt werden, Abb. 1.

(a) Eingabebild   (b) Normale Befahrbarkeitskarte

Abb. 1. Die Befahrbarkeitskarte (b) wird vom gurndlegenden Algorithmus zur Berechnung befahrbarer Regionen erstellt. Ein weißer Pixel ist befahrbar, ein schwarzer ist unbefahrbar. Eine gelbe Fahrspur (a) allerdings wird als unbefahrbar (b, schwarz) erkannt, weil die Farbe nicht im Suchpolygon auftritt.

Desweiteren erweisen sich großflächige Schatten von höheren Gebäuden als problematisch, während schmale Schatten von Bäumen die Fahrbahnfarbe im Kamerabild nur leicht beeinflußen. Die großflächigen Gebäudeschatten wurden in Gänze als unbefahrbar interpretiert, Abb. 2. Sobald das Auto sich allerdings innerhalb dieser Schattenfläche befindet, passt sich die Belichtungsregelung der Kamera an die verminderte Helligkeit an mit der Folge dass alle Flächen ausserhalb des Schattens überbelichtet erscheinen und ebenfalls als nicht befahrbar erkannt werden, Abb. 3.

(a) Eingabebild   (b) Normale Befahrbarkeitskarte

Abb. 2. Große dunkle Schatten (a, links) unterscheiden sich zu stark von der Straßenfarbe (b, dunkel).

Bei Fahrten am frühen Vormittag und am Nachmittag erweist sich auch der eigene Schatten des Fahrzeugs als Störfaktor, sobald sich die Sonne hinter dem Auto befindet. In diesem Fall taucht der Eigenschatten im Kamerabild vor dem

(a) Eingabebild　　　　　　　　(b) Normale Befahrbarkeitskarte

Abb. 3. Sobald sich die Kamera im Schatten befindet, wird die Belichtung nachgeregelt (a). Unglücklicherweise erscheinen Bereiche ausserhalb des Schattens überbelichtet und werden deshalb als nicht befahrbar erkannt (b, dunkel).

Fahrzeug auf und wird entweder als nicht befahrbar oder als einzig befahrbarer Bereich im gesamten Bild markiert, Abb. 4.

(a) Eingabebild　　　　　　　　(b) Normale Befahrbarkeitskarte

Abb. 4. Der Eigenschatten des Fahrzeugs verursacht Probleme (a), zum Beispiel, wenn der Schatten in dem Suchbereich für die befahrbaren Farben liegt (b, weiß).

Schlussendlich ist es problematisch, in Gegenden zu testen, in denen kaum ein Höhenunterschied zwischen der Straße und dem seitlich angrenzendem Gelände, z.B. Grasnarbe oder Sand, festzustellen ist. Die vorgenommenen Änderungen werden ausführlich in Abschnitt 3 beschrieben, es kann aber bereits festgestellt werden, dass anstelle des im Algorithmus verwendeten EM-Verfahrens [3] auch das KMeans-Verfahren angewendet werden sollte. Ebenso können die Abstandsberechnungen in unterschiedlichen Farbräumen, wie RBG, aber auch YUV, L*a*b oder HSV durchgeführt werden, ohne dass der vorgestellte Algorithmus eingeschränkt wird.

3 Der Algorithmus für urbane Szenarien

Um die oben vorgestellten Probleme zu bewältigen, wurde ein zusätzliches System entwickelt, welches die Bilder der Eingabekamera vorbearbeitet. Bevor die Eingabebilder an Algorithmus 1 gegeben werden, werden sie an die folgenden Präprozessoren verteilt: Präprozessor für dunkle Bereiche, Präprozessor für überbelichtete Bereiche, Präprozessor für Fahrbahnmarkierungen und Präprozessor für Eigenschatten-Pixel. Jeder Präprozessor liefert nach erfolgter Bearbeitung eine Bitmaske, welche die Pixel ausmaskiert, die jeweils als kritisch bewertet werden. Die ausmaskierten Pixel werden in der endgültigen Befahrbarkeitskarte nicht wie bisher mit einem Farbwert besetzt, sondern als *unbekannt* gekennzeichnet.

Der Präprozessor für dunkle Bereiche maskiert Pixel aus, die zu dunkel und damit potentiell im Schatten sind. Das Eingabebild wird in den HSV-Farbraum konvertiert, der Helligkeitswert des Pixels mit einem gegebenen Schwellwert verglichen. Wenn der Wert kleiner ist, wird der Pixel in der Ausgabemaske auf 1 gesetzt, ansonsten auf 0.

Der Präprozessor für überbelichtete Bereiche maskiert überbelichtete Pixel aus. Dazu wird das Eingabebild in den HSV-Farbraum konvertiert. Anschließend wird der Helligkeitswert jedes Pixels mit einem vorgebenem Schwellwert verglichen. Wenn der Wert größer ist, wird der Pixel in der Ausgabemaske auf 1 gesetzt, ansonsten auf 0.

Der Präprozessor für Fahrbahnmarkierungen sucht Pixel, die im RBG-Farbraum nahe an gelben Farbtönen sind, und somit potentiell zu gelben Fahrspuren, wie sie in den USA auftreten, gehören. Wenn der Grün-Wert des Pixels größer als der Rot-Wert und der Blau-Wert ist, so wird er nicht als gelblich betrachtet. Ebenso wenig gelblich ist er, wenn der Rot-Wert größer als die Summe des Blau- und Grün-Wertes ist. In allen anderen Fällen wird das Verhältnis $\frac{min(R,G)}{B} - 1$ betrachtet. Ist es größer als ein gegebener Schwellwert, so wird der Pixel in der Ausgabemaske mit 1 gesetzt, ansonsten mit 0. Um lediglich schmale Fahrbahnspuren herauszufiltern und große gelbe Bereiche (z.B. sandige Flächen am Fahrbahnrand) unberührt zu lassen, wird eine Kopie der Ausgabemaske noch geglättet, mit einer Dilatation versehen und schließlich von der Ausgabemaske subtrahiert.

Der Präprozessor für Eigenschatten-Pixel maskiert die Pixel aus, die potentiell zu dem eigenen Schatten des Autos gehören. Dazu wird eine feste Punktmenge $p(x)$ im Bild definiert, welche sich im Bild am Rand der Motorhaube befinden. Pro Frame wird dann per *FloodFill*-Operation ein zusammenhängender Bereich im Bild gesucht, welcher einen geringen Helligkeitswert aufweist. Um zu verhindern, dass der gefundene Bereich beliebig groß ist, wird die Summe gefundener Pixel mit einem Schwellwert verglichen, der die maximale Fläche des Autoschattens darstellt. Die gefundene Fläche wird in der Ausgabemaske markiert.

Wie bereits erwähnt, lässt sich das Eingabepolygon von einem Laserscanner dann gut verwenden, wenn der tatsächlich befahrbare Bereich durch relativ hohe Objekte, wie z.B. Sträucher oder Sandhügel, begrenzt ist. Im urbanen Szenario kann der Höhenunterschied zwischen Straße und Bordstein oder Grasnarbe sehr gering sein. Würde der Schwellwert der Befahrbarkeitserkennung des Laserscan-

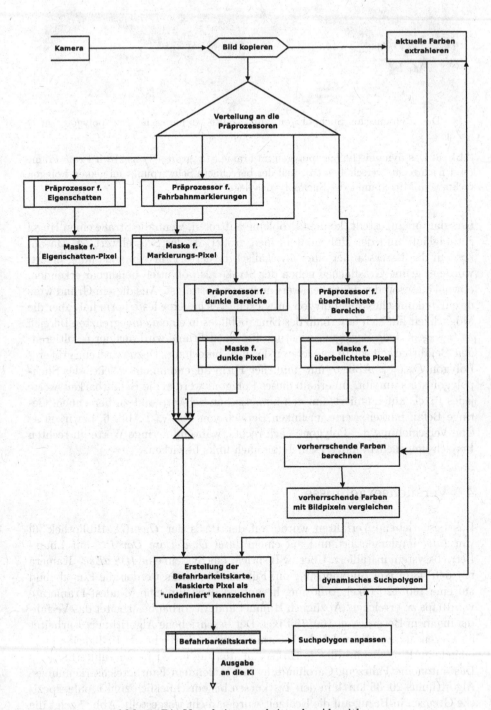

Abb. 5. Die Verarbeitungsschritte des Algorithmus

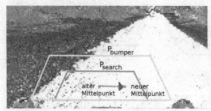 

(a) Das dynamische Suchpolygon zur (b) Das dynamische Suchpolygon zur
Zeit t Zeit $t+1$

Abb. 6. Das dynamische Suchpolygon im Frame t (a, grünes Trapez) wird zum Frame $t+1$ nach rechts verschoben (b), weil der berechnete Schwerpunkt im gelben Polygon rechts vom Mittelpunkt des Suchpolygons liegt.

ners darauf eingestellt, können Probleme auftreten, wenn die Straße einen Hügel entlangläuft und der Höhenunterschied größer als der Schwellwert ist. Da außerdem der Laserscanner eine physikalisch basierte Fahrbahnerkennung liefert, würde er grüne Grasflächen neben der Straße als potentiell befahrbar erkennen, obwohl dieses weder wünschenswert noch von Vorteil ist. Aus diesem Grund wurde ein dynamisches Suchpolygon entwickelt, welches eine feste Form hat, aber die Möglichkeit hat sich innerhalb des Eingabebildes in einem eingegrenzten Bereich zu bewegen. Jede Bewegungsrichtung für einen Frame wird aus der resultierenden Befahrbarkeitskarte des letzten Frames berechnet. Dazu wird ein größeres Polygon P_{bumper}, Abb. 6, mit ähnlicher Form angenommen, welches das Suchpolygon stets umgibt. Innerhalb dieses Polygons werden die Befahrbarkeitswerte jedes Pixels aufsummiert, um den numerischen Schwerpunkt zu berechnen. Geringe Befahrbarkeitswerte im linken Bereich von P_{bumper}, Abb. 6, bewirken so eine Verschiebung der Polygone nach rechts, während geringe Werte im rechten Bereich umgekehrt eine Verschiebung nach links bewirken.

4   Versuchsergebnisse

Das beschriebene Verfahren wurde auf der Basis der *OpenCV*-Bibliothek [6] von *Intel* implementiert und auf einem *Intel Dual Core Car PC* mit Linux-Betriebssystem installiert. Über USB spricht das System eine *IDS uEye* - Kamera mit 640*480 Pixel Bildauflösung an. Für das Verfahren werden die Eingabebild auf eine 160*120 Pixel Auflösung herunterskaliert um eine Mindest-Framerate von 10 fps zu erreichen. Abzüglich Himmel und Motorhaube arbeitet das Verfahren in einem Bereich von 160*75 Pixel. Der beschriebene Algorithmus 1 arbeitet im Gegensatz zu [1] im L*u*v-Farbraum, um vorherrschende Helligkeitsunterschiede im Eingabebild für die Farbsegmentierung besser herauszufiltern.

Das autonome Fahrzeug Caroline fuhr mit laufendem Fahrbereichserkennungs-Algorithmus 20–35 km/h in den Testkursen bis einschließlich zum Finale, spezielle Grenzen in Bezug auf die Echtzeit wurden nicht festgestellt. Abb. 7 zeigt die Unterschiede zwischen normaler Befahrbarkeitserkennung und der Erkennung mit vorangestelltem Präprozessor. Der große Schatten des linken Gebäudes ist zu unterschiedlich vom Farbton der Straße und wird deshalb als nicht befahrbar klassifiziert. Der Präprozessor für dunkle Bereiche hingegen klassifiziert die schattigen Pixel als unbekannt. Die Versuchsergebnisse für überbelichtete Bereiche sind in Abb. 8 dargestellt: Das normale Verfahren erkennt die überbelichteten Bereiche hinter dem Schatten als unbefahrbar, der Präprozessor für überbelichtete Bereiche klassifiziert sie als unbekannt. Damit Fahrspuren möglichst schnell und klar vom menschlichen Betrachter erfasst werden, weisen sie meist einen hohen Farbgradienten zur Umgebung, der Straße, auf. Diese Tatsache erweist sich für das normale Erkennungsverfahren als Nachteil, da die Fahrspuren als unbefahrbar deklariert werden, Abb. 9. Der Präprozessor für Fahrbahnmarkierungen jedoch maskiert die gelben Pixel aus und deklariert sie als unbekannt. Obwohl Probleme mit dem Schatten des Fahrzeuges nur auftreten, wenn die Sonne hinter dem Auto steht, führen Sie jedoch dann zu unbefriedigenden Ergebnissen, Abb. 10. Der Präprozessor für Eigenschatten-Pixel hingegen sucht den zusammenhängenden dunklen Bereich vor dem Auto und deklariert ihn als unbekannt.

(a) Eingabebild   (b) Normale Befahrbarkeitskarte   (c) Mit Präprozessor für dunkle Bereiche

Abb. 7. Versuchsergebnisse mit dem Präprozessor für dunkle Bereiche. Das mittlere Bild (b) zeigt die Klassifikation ohne Präprozessor. Im rechten Bild (c) ist der betreffende Bereich als unbekannt klassifiziert (rot).

(a) Eingabebild   (b) Normale Befahrbarkeitskarte   (c) Mit Präprozessor für überbelichtete Bereiche

Abb. 8. Versuchsergebnisse mit dem Präprozessor für überbelichtete Bereiche. Das mittlere (b) Bild zeigt die Klassifikation ohne Präprozessor. Im rechten Bild (c) ist der überbelichtete Bereich markiert (rot).

5 Zusammenfassung

Es wurde ein kamerabasierter Farbsegmentierungsalgorithmus vorgestellt, welcher die Herausforderungen einer städtischen Umgebung meistert. Unter der Annahme, dass eine kleine Region direkt vor dem Auto befahrbar ist, gelingt es dem Algorithmus über die Zeit die Flächen im Eingabebild zu verfolgen, welche

(a) Eingabebild   (b) Normale   Befahrbar- (c) Mit Präprozessor für
                         keitskarte   Fahrbahnmarkierungen

Abb. 9. Versuchsergebnisse mit dem Präprozessor für Fahrbahnmarkierungen. Das mittlere (b) Bild zeigt die Klassifikation ohne Präprozessor. Im rechten Bild (c) sind die Fahrbahnmarkierungen markiert (rot).

(a) Eingabebild   (b) Normale   Befahrbar- (c) Mit Präprozessor für
                         keitskarte   Eigenschatten-Pixel

Abb. 10. Versuchsergebnisse mit dem Präprozessor für Fahrbahnmarkierungen. Das mittlere (b) Bild zeigt die Klassifikation ohne Präprozessor. Im rechten Bild (c) ist der Eigenschatten des Autos markiert (rot).

eine ähnliche Farbe aufweisen. Das Verfahren maskiert Artefakte im Bild aus, wie z.B. weiße oder gelbe Fahrbspuren, Schatten oder überbelichtete Bereiche. Selbst wenn das autonome Fahrzeug durch Fehlentscheidungen im Begriff ist einen befahrbaren Bereich zu verlassen, gelingt es dem Verfahren, den befahrbaren Bereich weiter zu verfolgen.

Literaturverzeichnis

1. Thrun S. et al.: Stanley: The Robot That Won The DARPA Grand Challenge, Journal of Field Robotics, 661–692 (2006)
2. Duda, Richard O. and Hart, Peter E. : Pattern Classification and Scene Analysis (1973)
3. Bilmes Jeff: A Gentle Tutorial on the EM Algorithm and its Application to Parameter Estimation for Gaussian Mixture and Hidden Markov Models Technical Report, University of Berkeley, ICSI-TR-97-021, (1997)
4. Kai Berger, Christian Lipski, Christian Linz, Timo Stich, Marcus Magnor The area processing unit of Caroline - Finding the way through DARPA's Urban Challenge 2nd Workshop Robot Vision 260–274 (2008)
5. Christian Lipski, Björn Scholz, Kai Berger, Christian Linz, Timo Stich, Marcus Magnor, A Fast and Robust Approach to Lane Marking Detection and Lane Tracking Proc. IEEE Southwest Symposium on Image Analysis and Interpretation (2008)
6. Open Source Computer Vision Library
   http://www.intel.com/research/mrl/research/opencv

Berührungslose Winkelbestimmung zwischen Zugfahrzeug und Anhänger

Jacek Schikora, Uwe Berg und Dieter Zöbel

Institut für Softwaretechnik, Arbeitsgruppe Echtzeitsysteme,
Universität Koblenz-Landau, Universitätsstraße 1, 56070 Koblenz
jacek@uni-koblenz.de

Zusammenfassung. Aufgrund der steigenden Nachfrage nach Fahrerassistenzsystemen für Nutzfahrzeuge, insbesondere zur Unterstützung
der Rückwärtsfahrt, wächst auch der Bedarf nach neuen Fahrzeugsen-
soren. Diese Tendenz wird zudem auch durch Zunahme der Automatisierung des werksinternen Gütertransports gefördert. In diesem An-
wendungskontext wurden an der Universität Koblenz-Landau im Rahmen einer Diplomarbeit prototypische, berührungslos arbeitende Sensoren zur Messung des Einknickwinkels für Fahrzeuge mit Starrdeichselanhänger und Sattelanhänger entwickelt. Trotz des prototypischen Charak-
ters wurden die hohen Anforderungen hinsichtlich der Echtzeitfähigkeit
und Messgenauigkeit mit gutem Ergebnis erfüllt. Die Sensoren haben sich
zudem auch unter widrigen Wetterbedingungen als sehr robust erwiesen.

1 Einleitung

Die Automobil- und Logistik-Branche hat sich in den vergangenen Jahren sehr
dynamisch entwickelt. So wird insbesondere für Nutzfahrzeuge eine Vielzahl von
Fahrerassistenzsystemen entwickelt, bzw. bereits am Markt angeboten. Im Rahmen der universitären und industriellen Forschung gibt es auch erste Ansätze, um Fahrerassistenzsysteme speziell für die Rückwärtsfahrt von Fahrzeugen
mit Anhänger zu entwickeln. Beispielhaft sei auf die Quellen [1] und [9] verwiesen. Parallel dazu gibt es in der Logistik-Branche auch Bestrebungen, u.a. den
werksinternen Warenverkehr unter Einsatz von Serienkraftfahrzeugen zu auto-
matisieren (siehe z.B. [3]). Für viele dieser Anwendungen des assistierten, auto-
matisierten und autonomen Fahrens ist die Kenntnis des Winkels zwischen den
Längsachsen von Zugfahrzeug und Anhänger, dem sogenannten Einknickwinkel,
unabdingbar.

Zur Messung des Einknickwinkels sind zurzeit jedoch keine geeigneten Sensoren
auf dem Markt verfügbar. Um den Aufwand von Eigenentwicklungen zu reduzieren, werden im Rahmen von Forschungsprojekten häufig einfache, mechanisch
arbeitende Sensoren entwickelt. Diese sind jedoch mit dem Nachteil verbunden, dass beim An- und Abkuppeln eines Anhängers an ein Zugfahrzeug ein
zusätzlicher Handgriff des Fahrers/der Fahrerin erforderlich ist (siehe [4]). Eine
veränderte Handhabung beim An- und Abkuppeln eines Anhängers an ein Zugfahrzeug steht jedoch einer Verbreitung sowohl der Sensoren als auch der damit

verbundenen Anwendungen entgegen. Im Rahmen einer Diplomarbeit (siehe [6]) wurde daher eine alternative Lösung zur Messung des Einknickwinkels sowohl für Fahrzeuge mit Starrdeichselanhänger als auch für Fahrzeuge mit Sattelanhänger entwickelt.

Dabei war es das Ziel, berührungslos arbeitende Sensoren zu konzipieren, die während des Ankuppelns keinen zusätzlichen physischen Eingriff erfordern. Die Sensoren sollten prototypisch realisiert und u.a. in Versuchsfahrzeugen eines deutschen Nutzfahrzeugherstellers getestet werden. Zudem wurden an die Prototypen bereits wichtige Anforderungen gestellt, die serienreife Sensoren im Kraftfahrzeugbereich erfüllen müssen. Zu diesen zählen u.a. Echtzeitfähigkeit, hohe Messgenauigkeit, Robustheit und eine hohe Zuverlässigkeit. Für Anwendungen des assistierten, automatischen oder autonomen Fahrens sind insbesondere die Echtzeitfähigkeit und die Messgenauigkeit von großer Bedeutung.

2   Grundlagen für die Entwicklung eines Einknickwinkelsensors

Sensoren wandeln eine physikalische oder chemische Größe in ein elektrisches Signal. In der Fahrzeugelektronik dienen sie als Wahrnehmungsorgan für die im Fahrzeug verbauten Anwendungen. Moderne Kraftfahrzeuge besitzen eine Vielzahl unterschiedlicher Sensoren. Aufgrund neuer Anwendungen nimmt der Bedarf und die Anzahl in neuen Fahrzeuggenerationen deutlich zu. In Folge dessen wird angestrebt den Integrationsgrad von Sensoren zu erhöhen. Während die ersten Sensoren im KFZ nur aus einem Messfühler bestanden und die Informationen über ein analoges, störanfälliges Ausgangssignal bereitstellten, besitzen moderne Sensoren bereits Mikrokontroller zur Vorverarbeitung der Messwerte. Zudem geben diese den korrigierten Messwert digital über Bus-Systeme (z.B. CAN-Bus) weiter (siehe [2]). Hierdurch wird einerseits die Übertragung der Signale störsicherer, des Weiteren kann das auf dem Bus bereitgestellte, bereits vorverarbeitete Datum von verschiedenen Anwendungen gleichzeitig genutzt werden.

Zusätzlich zu dieser Entwicklung in Richtung hochintegrierter Sensoren, wurden die Anforderungen an Sensoren im KFZ-Bereich insbesondere hinsichtlich sicherheitstechnischer Anwendungen im Automobilbereich genauer spezifiziert. Für eine prototypische Einknickwinkelsensorik wurden die folgenden Anforderungen als essenziell angesehen:

Großer Messbereich: Um auch kritische Einknickwinkel bestimmen zu können, sollte der Messbereich der Sensorik den maximal möglichen Einknickwinkel annähern. Für Gespanne mit Starrdeichselanhänger beträgt der maximal mögliche Einknickwinkel in Abhängig von der Fahrzeuggeometrie ca. 90° und für Fahrzeuge mit Sattelanhänger ca. 180°.

hohe Messgenauigkeit: Sensoren im KFZ-Bereich arbeiten in der Regel mit einer Ungenauigkeit von ca. 1%. Dies würde z.B. für Gespanne mit Sattelanhänger, eine Ungenauigkeit von 1,8° bedeuten. Aufgrund der an der Arbeitsgruppe Real Time (AGRT) der Universität Koblenz-Landau gemachten

Erfahrungen, ist eine derart hohe Ungenauigkeit für einen Einknickwinkelsensor unzureichend. Werte im Bereich von ca. 0,3° sollten nicht überschritten werden. Dies entspricht bei Gespannen mit Sattelanhängern ca. 0,17% und bei Gespannen mit Starrdeichselanhänger ca. 0,3%.

Hohe Messrate: Die Messrate hängt in erster Linie von der Anwendung ab, die den Einknickwinkel als Datum benötigt. Soll die Anwendung den Fahrer z.B. nur über risikobehaftete Einknickwinkel im Randbereich informieren, so reicht eine geringe Messrate im Bereich von *5 Hz* aus. Für Anwendungen, die den Einknickwinkel kontinuierlich benötigen wie z.B. für eine Visualisierung, wird eine höhere Messrate benötigt. Für eine flüssige Darstellung sollte die Messrate im Bereich von *20 Hz* liegen. Dieser Wert wird als untere Grenze vorausgesetzt.

Echtzeitfähigkeit: Für Anwendungen wie Fahrerassistenzsysteme ist die Aktualität des Datums von großer Bedeutung. Das maximale Alter der Daten Δt wird mit $\Delta t = 150\,ms$ festgelegt. Wird dieser Wert überschritten, so liefern die auf den Sensordaten arbeitenden Anwendungen, bezogen auf den Gesamtzustand des Gespanns, u.U. fehlerhafte Informationen.

Diesen Anforderungen wurden verschiedene Messmethoden gegenübergestellt und im Hinblick auf eine Realisierungsmöglichkeit bewertet. Neben Technologien basierend auf Ultraschall, Funk und Laser wurde auch eine Realisierung mit bildverarbeitenden Systemen in Betracht gezogen. Als mögliche Messmethode kommt eine Abstandsbestimmung zwischen Sensor und Messobjekt oder eine Positionsbestimmung eines definierten Objekts in Frage. Aufgrund der sehr unterschiedlichen Bauformen von Zugmaschinen, Anhängern und Kupplungen erwies sich für beide Anhängerarten eine bildverarbeitende Lösung, basierend auf einer Positionsbestimmung, als besonders vorteilhaft. Zudem existieren bereits bildverarbeitende Sensorsysteme in Kraftfahrzeugen, die ähnliche Voraussetzungen an Echtzeit und Genauigkeit erfüllen. Als Beispiel sei hier die Sensorik für Spurhalteassistenzsysteme (LDW) genannt.

3   Winkelbestimmung für Fahrzeuge mit Starrdeichselanhänger

Der Einknickwinkelsensor für Fahrzeuge mit Starrdeichselanhänger besteht im Wesentlichen aus einem Muster, auf das eine Kamera mit Weitwinkelobjektiv gerichtet ist, sowie einem Rechner zur Bildverarbeitung (siehe Abbildung 1). Das Muster befindet sich an der Front des Anhängers. Die Kamera ist am Heck des Zugfahrzeugs angebracht. Ändert sich der Einknickwinkel zwischen Zugmaschine und Anhänger, so ändert sich auch die Position des Musters im Kamerabild. Basierend auf dieser Position berechnet der Computer den Einknickwinkel. Der Aufbau des Musters ist dabei entscheidend. Das durch Punkte angedeutete Kreuz (siehe Abbildung 1) ermöglicht neben der Positionsbestimmung im Bild zusätzlich eine Abschätzung des Wankwinkels. Bei einem Wankwinkel ungleich 0° kommt es neben einer Rotation auch zu einer Verschiebung des Musters im Kamerabild. Diese Verschiebung muss anschließend herausgerechnet werden.

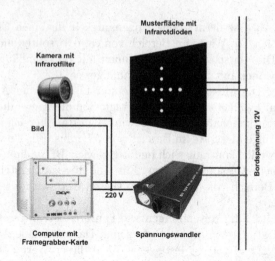

Abb. 1. Aufbau des Sensors für Gespanne mit Starrdeichselanhänger

Aufgrund der nur bedingt mathematisch modellierbaren Verzerrung des Bildes, die durch das Weitwinkelobjektiv verursacht wird, wurde auf ein rein mathematisches Berechnungsmodell verzichtet. Stattdessen wurden, als Ersatz für eine mathematische Beschreibung der Bildverzerrung, Referenzpunkte vermessen und in einer Tabelle hinterlegt. Dadurch verringert sich der Aufwand für die mathematische Herleitung des Einknickwinkels.

Softwareseitig wurde das System weitestgehend nach dem klassischen Modell zur Bildverarbeitung realisiert (siehe [7]). Abbildung 2 zeigt ein Aktivitätsdiagramm zur Herleitung des Einknickwinkels. Mit Ausnahme der Ausgabe des Einknickwinkels, verläuft die Berechnung sequentiell. Um Anfragen direkt beantworten zu können, wurde die Ausgabe in einem separaten Thread implementiert.

Bild bereitstellen: Die Videokarte wird dazu angewiesen ein neues Bild aufzunehmen und im Arbeitsspeicher zur Verfügung zu stellen.

Bild filtern & konvertieren: Das von der Videokarte bereitgestellte Bild liegt als 24 Bit Bitmap bereit und wird in ein 8 Bit (256 Graustufen) Bitmap konvertiert. Aus Performancegründen wird gleichzeitig eine Filterung nach einem Schwellenwert durchgeführt. Auf der Grundlage des Schwellenwertes werden dunkle Bereiche ausgefiltert. Infolgedessen reduziert sich auch der Aufwand im Segmentierungsprozess. War die letzte Herleitung des Einknickwinkels erfolgreich, so wird zur Reduzierung des Rechenaufwands nur der relevante Bildbereich verwendet.

Bild segmentieren: Im Bild werden nahezu homogene Bereiche zu Segmenten zusammengefasst.

Segmente nach Größe und Lichtintensität filtern: Die vorliegenden Segmente werden nach Größe und Lichtintensität gefiltert.

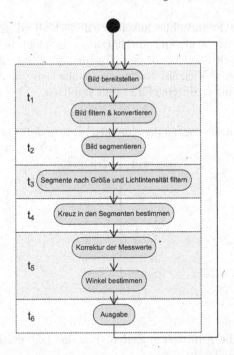

Abb. 2. Aktivitätsdiagramm zur Herleitung des Einknickwinkels.

Kreuz in den Segmenten bestimmen: In den übrig gebliebenen Segmenten wird anhand einer Liniensuche das durch die Infrarotdioden gekennzeichnete Kreuz bestimmt.

Korrektur der Messwerte: Wurde das Muster fehlerfrei erkannt, so wird basierend auf dem Wankwinkel die Position korrigiert.

Winkel bestimmen: Aus der vorliegenden Position wird in Verbindung mit vorangegangenen Ergebnissen der Einknickwinkel bestimmt.

Ausgabe: Der Einkickwinkel wird nun über Ausgabeschnittstellen anderen Anwendungen zur Verfügung gestellt.

Bildverarbeitende Lösungen sind unabhängig vom Einsatzzweck sehr rechenintensiv. Aufgrund dessen wurde großer Wert auf eine effiziente Implementierung gelegt. Dies ist in der Regel nur durch Eigenentwicklung, speziell für den jeweiligen Einsatzzweck, möglich. Somit wurden hier, bis auf die Bildsegmentierung, alle übrigen Softwarekomponenten für den Zweck der Einknickwinkelbestimmung entworfen und implementiert. Im Bereich der Bildsegmentierung existiert seit einigen Jahren ein großes Forschungsaufkommen, so dass hier viele effiziente Algorithmen (siehe [8]) zur Verfügung stehen. Aufgrund der Nähe zum Projekt und der Tatsache, dass eine vollständig implementierte Softwarebibliothek zur Verfügung steht, wurde zur Bildsegmentierung die CSC-Bibliothek aus [5] übernommen.

Der Einsatz von Fremdbibliotheken verhindert allerdings größtenteils eine mathematisch geführte Aufwandsabschätzung, da nicht bekannt ist, welchen Aufwand diese Algorithmen benötigen. Um den zeitlichen Aspekt dennoch zu überprüfen, wurde eine Vielzahl von Zeitmessungen der in Abbildung 2 dargestellten Bereiche t_1 bis t_6 durchgeführt und gemittelt.

Tabelle 1. Gemittelte Zeiten der einzelnen Schritte der Winkelbestimmung.

Abschnitt	Zeit [ms]
t_1	29
t_2	5
t_3	2
t_4	3
t_5	1
t_6	2

Tabelle 1 zeigt die gemittelten Zeiten. Für das Datenalter einer Winkelbestimmung ergibt sich damit:

$$t = \sum_{i=1}^{i<7} t_i = 42 \; ms \tag{1}$$

Der Winkel steht somit in der Regel nach $42 ms$ zur Weitergabe bereit. Für die Bestimmung der Frequenz, mit der neue Daten geliefert werden, ist bei parallel verlaufenden Prozessen, der Prozess mit dem größten Zeitaufwand heranzuziehen. Hier ist nur die Ausgabe in einem separaten Prozess ausgelagert, so dass von der Bildbereitstellung bis zur daraus resultierenden Winkelbestimmung die gesamte Berechnung in einem Prozess abläuft. Somit gilt für die Frequenz:

$$f = \frac{1}{\sum_{i=1}^{i<6} t_i} = \frac{1}{40 \; ms} = 25 \; Hz \tag{2}$$

Neue Daten werden somit im Regelfall mit einer Frequenz von $25 \; Hz$ zur Verfügung gestellt. Somit wurden hinsichtlich der Anforderung an die Echtzeitfähigkeit und die Messrate deutlich bessere Werte erzielt. Gegenüber der Anforderung von 0,3° wurde eine durchschnittliche Messgenauigkeit von 0,16° erreicht. Der geforderte Messbereich von 90° wurde jedoch nicht vollständig erreicht. Es kann lediglich ein Bereich von 85° vermessen werden.

4 Winkelbestimmung für Fahrzeuge mit Sattelanhänger

Die Winkelbestimmung für Fahrzeuge mit Sattelanhänger wurde ebenfalls mit einer bildverarbeitenden Lösung realisiert. Abbildung 3 zeigt schematisch den

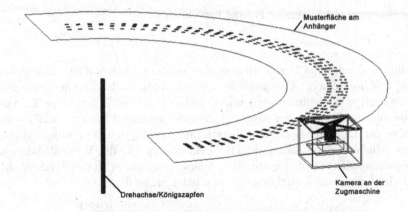

Abb. 3. Schematischer Aufbau der Winkelbestimmung.

Aufbau. Die Musterfläche befindet sich an der Unterseite des Anhängers. Die Kamera ist am Zugfahrzeug hinter dem Königszapfen mit Blick auf die Musterfläche montiert. Infolgedessen kreist das Muster beim Ausscheren des Anhängers über der Kamera. Anders als beim Winkelsensor für Fahrzeuge mit Starrdeichselanhänger wird hier nicht die Position des Musters vermessen, sondern die Kameraposition im Muster. Dabei nimmt die Kamera immer nur einen Teil der Musterfläche wahr. Die Musterfläche besteht aus 63 binärkodierten Musterstreifen, deren Code die eindeutige Position des jeweiligen Musterstreifens auf der gesamten Musterfläche beinhaltet. Zudem wurde durch geeignete Wahl des Kameraobjektives und der Größe der Musterstreifen sichergestellt, dass immer drei Musterstreifen vollständig sichtbar sind. Dies implementiert einerseits eine Redundanz, andererseits wird die Genauigkeit erhöht.

Die Musterstreifen bestehen aus einzelnen Kästchen (siehe Abbildung 4), die u.a. das jeweilige Bit des Binärcodes bilden. Die beiden äußeren Bits - Bit 1 und 9 - bilden die Begrenzung des Musterstreifens und vereinfachen die Mustererkennung. Das mittlere Bit 5 dient der Paritätsbildung. Somit lässt sich der Code

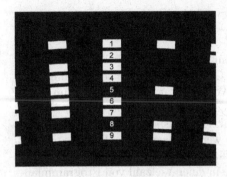

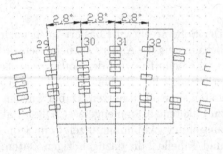

Abb. 4. Aufbau eines Musterstreifens   **Abb. 5.** Aufbau der Musterfläche

eines Streifens mit folgender Formel berechnen:

$$Mustercode_i = 2^5 \cdot bit8 + 2^4 \cdot bit7 + 2^3 \cdot bit6 + 2^2 \cdot bit4 + 2^1 \cdot bit3 + 2^0 \cdot bit2 \tag{3}$$

Abbildung 5 zeigt die Positionierung der Musterstreifen auf der Musterfläche. Diese sind mit einem Abstand von 2,8° konzentrisch zueinander angeordnet. Musterstreifen 32 befindet sich mittig auf der Musterfläche. Diese ist zudem derart angebracht, dass der Musterstreifen 32 bei einem Einknickwinkel von 0° parallel zur Längsachse des Anhängers und der Zugmaschine ausgerichtet ist. Dieser Musterstreifen bildet den Referenzstreifen für die Winkelbestimmung. Infolgedessen lässt sich die absolute Ausrichtung eines Musterstreifens ω_i zur Ausrichtung ref des Referenzstreifens mit folgenden Formeln berechnen:

$$ref = Musterabstand \cdot \frac{AnzahlMusterstreifen - 1}{2} \tag{4}$$

$$= 2,8 \cdot \frac{63-1}{2} = 86,8° $$

$$\omega_i = Musterabstand \cdot Mustercode_{(i-1)} - ref \tag{5}$$

Für die Herleitung des Einknickwinkels wird neben der absoluten Ausrichtung eines Musterstreifens noch die relative Ausrichtung dessen zur vertikalen Bildmitte benötigt. Diese wird basierend auf den beiden Begrenzungsbits berechnet. Dabei gilt für die relative Ausrichtung τ_i des i-ten Musterstreifens mit den Positionen $B_{i,j} \in \Re^2$ mit $i \in \{1..63\}$ und $j \in \{1,9\}$:

$$\tau_i = \arctan\left(\frac{B_{i,1}.x - B_{i,9}.x}{B_{i,1}.y - B_{i,9}.y}\right) \tag{6}$$

Damit und mit der Formel 5 lässt sich nun mit folgender Gleichung der zum Musterstreifen i korrespondierende Einknickwinkel bestimmen:

$$\gamma_i = \omega_i - \tau_i \tag{7}$$

Da für die Winkelbestimmung alle im Bild vollständig erkannten Musterstreifen einbezogen werden, wird der endgültige Einknickwinkel aufgrund einer Mittelwertbildung aller γ_i gebildet. Sei S die Menge mit den fehlerfrei erkannten Musterstreifen, dann gilt mit $i \in S$ für den Einknickwinkel γ:

$$\gamma = \frac{1}{|S|} \cdot \sum_i \gamma_i \tag{8}$$

Der Softwareentwurf basiert auch nach dem klassischen Modell zur Bildverarbeitung aus [7]. Anders als beim Sensor für Gespanne mit Starrdeichselanhänger wurde beim Entwurf der Software großer Wert auf Parallelität gelegt, um einen größtmöglichen Rechendurchsatz zu erhalten und ein-/ausgabebedingte Wartezeiten sinnvoll zu nutzen. Dabei wurden funktional zusammengehörende Klassen zu Paketen zusammengefasst. Diese Pakete werden als einzelne Threads parallel ausgeführt. Abbildung 6 zeigt ein Sequenzdiagramm für die Winkelbestimmung und Tabelle 2 die dazugehörigen Zeiten, die in einer Vielzahl von Programmläufen aufgezeichnet wurden. Das Alter der Winkeldaten entspricht der Summe der

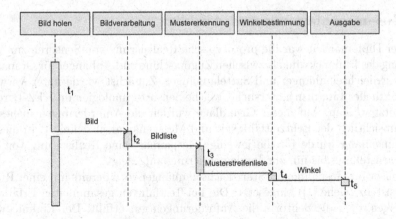

Abb. 6. Sequenzdiagramm zu Winkelbestimmung.

Tabelle 2. Gemittelte Zeiten der einzelnen Schritte der Winkelbestimmung.

Abschnitt	Zeit [ms]
t_1	40
t_2	10
t_3	20
t_4	2
t_5	3

einzelnen Zeitabschnitte und wird wie folgt berechnet:

$$t = \sum_{i=1}^{i<6} t_i = 75\ ms \tag{9}$$

Zur Bestimmung der Messrate wird der Abschnitt mit dem größten Zeitaufwand *Holen des Bildes* verwendet. Für die Frequenz f, mit der neue Einknickwinkel bereitgestellt werden, gilt:

$$f = \frac{1}{t_1} = \frac{1}{40ms} = 25 Hz \tag{10}$$

Neue Einknickwinkel werden demnach mit einer Frequenz von $f = 25\ Hz$ und einem durchschnittlichen Datenalter von $t = 75\ ms$ zur Abfrage bereitgestellt. Somit wurden die Anforderung bzgl. der Echtzeitfähigkeit und der Messrate erzielt. Der Messbereich beträgt bei 63 Musterstreifen $(63 - 1) * 2{,}8° = 173{,}6°$. Um die geforderten 180° zu erreichen, wäre eine nachträgliche Vergrößerung des Abstands der einzelnen Musterstreifen auf der Musterfläche zueinander notwendig gewesen. Die geforderte Genauigkeit von mindestens 0,3° wurde mit einem Ergebnis von 0,12° ebenfalls erfüllt.

5   Zusammenfassung und Ausblick

Ziel der Diplomarbeit war die prototypische Realisierung von Sensoren zur Vermessung des Einknickwinkels zwischen Zugmaschine und Anhänger für Gespanne mit Starrdeichselanhänger und Sattelanhänger. Zunächst wurde unter Verwendung aktueller Literatur untersucht, welche Sensortechnologien im KFZ-Bereich eingesetzt werden. Auf dieser Grundlage wurden die Anforderungen insbesondere hinsichtlich der Echtzeitfähigkeit und Messgenauigkeit definiert. In diesem Zusammenhang wurde für die jeweilige Gespannart eine Realisierung von der Aufgabenstellung bis hin zur Implementierung aufgezeigt.

Der Sensor für Gespanne mit Starrdeichselanhänger wird bereits mit einer Rückfahrassistenz (siehe [1]) eingesetzt. Die bei Testfahrten gesammelten Erfahrungen zeigen, dass die Sensorik die Anforderungen gut erfüllt. Der Einknickwinkelsensor für Fahrzeuge mit Sattelanhänger wurde in einem Versuchsfahrzeug eines deutschen Nutzfahrzeugherstellers ebenfalls erfolgreich getestet. Unseres Wissens nach ermöglicht dieser Sensor erstmalig die Vermessung des Einknickwinkels für Fahrzeuge mit Sattelanhänger, was den innovativen Charakter der Diplomarbeit zeigt. Damit steht auch erstmals die Möglichkeit zur Verfügung, Fahrerassistenzsysteme für diese Gespannart zu realisieren.

Als nachteilig erwies sich für beide Sensoren der zur Winkelbestimmung eingesetzte PC. Eine Realisierung auf der Basis von Mikrokontrollertechnik wäre praktikabler. Aufgrund der Verbreitung von Fahrzeugen mit Drehschemelanhänger, wäre eine Einknickwinkelsensorik auch für diese Gespannart wünschenswert. In der Arbeitsgruppe AGRT werden bereits erste Prototypen entwickelt.

Literaturverzeichnis

1. Berg, U. and Zöbel, D. (2006): „Visual Steering Assistance for Backing-Up Articulated Vehicles with One-axle Trailer". 11th Vision in Vehicles Conference (VIV 2006), Dublin, Irland.
2. Robert Bosch GmbH (2007): „Autoelektrik Autoelektronik". 5. Auflage. Friedrich Vieweg & Sohn Verlag.
3. Götting, H.-H., Berger, R., Demuth, R. (2001): FOX GmbH - Automatisierte Fahrzeuge (CD).
4. Kendall, R. G. (1993): "Vehicular Steering System For Reverse Paths". United States Patent, Patent Number 5,247,442.
5. Priese, L. and Sturm, P.: „Introduction to the Color Structure Code and its Implementation", Universität Koblenz-Landau, Fachbereich Informatik, 2003.
6. Schikora, J. (2007): „Berührungslose Winkelbestimmung zwischen Zugmaschine und Anhänger". Diplomarbeit, Universität Koblenz-Landau, Fachbereich Informatik.
7. Steinbecker, Reiner: „Bildverarbeitung in der Praxis". Oldenbourg Verlag, 1993.
8. Tönnies, K.: „Grundlagen der Bildverarbeitung." 1. Auflage, Pearson Studium, 2005.
9. Waser, H .M., Prenninger, K., Hirschberg, W., Ecker, J. (2007): „Backward Driving Assistant for a Truck with Trailer - New Features with X-by-Wire". In Proceedings of the 11th European Automotive Congress (CD). 2007, S. 1-12.
10. Zabler, E. (2001): „Sensoren im Kraftfahrzeug". Friedrich Vieweg & Sohn Verlag.

Von eingebetteten Systemen zu Cyber-Physical Systems*

Horst F. Wedde[1], Sebastian Lehnhoff[1], Christian Rehtanz[2] und Olav Krause[2]

Fakultät für Informatik[1], Fakultät für Elektrotechnik[2]
Technische Universität Dortmund

Zusammenfassung. Das Hauptanliegen des Papiers ist, ein Paradigma für Probleme mit neuartigen Integrationsanforderungen für Forschung und Entwicklung in verteilten eingebetteten Echtzeitsystemen zu motivieren und vorzustellen, nämlich den Begriff Cyber-Physical Systems. Bei einer in letzter Zeit stark zunehmenden Anzahl von Realzeitanwendungen können ohne die Berücksichtigung solcher Forderungen keine praktisch brauchbaren Lösungen erwartet werden. Einige Anwendungsfelder werden angesprochen. Im Einzelnen werden dann für Elektroautos, die mit erneuerbaren Energien betrieben werden sollen, einerseits die Management-, verteilte Verhandlungs- und Verteilungsprobleme der benötigten Energie in einem bottom-up Ansatz gelöst. Andererseits wird als Teil unserer Projektarbeit die Bereitstellung von Reserveenergie für den allgemeinen Bedarf durch Autobatterien vorgestellt. Es zeigt sich, dass dies effizienter und wesentlich kurzfristiger in unserem verteilten Vorgehen geschehen kann als in traditionellen Verfahren.

1 Einleitung

1.1 Neue Perspektiven für Echtzeitsystem-Forschung

Ab 1988 wandte sich die Echtzeitforschung neben den CPU-Scheduling auch anwendungsbezogenen Leistungsanforderungen zu wie Fehlertoleranz, Verlässlichkeit, Ausfall- und Zugriffssicherheit, obwohl diese in der Praxis ja sogar im Konflikt mit den Realzeitbedingungen stehen. Da diese von der System- bzw. Anwendungsumgebung erzwungen waren, wurde dieses erweiterte Arbeitsgebiet *„Eingebettete Systeme"* genannt.

Im Laufe der nächsten Jahre machten sich bei Modellierung, Analyse und Implementierung von Kontrollprozessen in eingebetteten Anwendungen dennoch zunehmend Schwachpunkte bemerkbar, etwa bei:

a) der Stauvermeidung durch „Harmonisierung" individueller Fahrtzeiten, wirtschaftlich und ökologisch effiziente Lösungen zu erreichen;

b) durch Lithium-Ionen-Batterien angetriebenen Elektroautos die Versorgung über Regenerative Energieumwandlungsanlagen (REA) wie Solarzellen oder Windräder einzurichten (*Vehicle-to-Grid/V2G*);

* Diese Projekte werden teilweise gefördert von der DFG unter WE 2816/4-1 und HA 937/32-1 sowie von E.on unter 2007/GI_UoDort-ESW_IEODN

c) erneuerbaren Energien, die als hinreichend verlässliche und kostengünstige Alternative sogar als Reserve für Versorgungsnetze dienen sollen.

1.2   Probleme mit traditionellen Ansätzen

In den immer komplexeren Anwendungen werden zusätzlich zu den in 1.1 genannten Eigenschaften (und gleichzeitig zur Realzeitfähigkeit, die allerdings auf QoS beschränkt wird) *hohe Anpassungsfähigkeit von Systemsteuerung und -architektur, dynamisches Prozessverhalten, schnelle Überwindung/ Reparatur von Ausfällen, Erweiterbarkeit bzw. Vergrößerung der Systeme* verlangt. Dies kann aber bei Verwendung traditioneller Methoden für große reale Systeme nicht bewältigt werden. Das Haupthindernis ist, dass man dort von globalen Zuständen und/oder zentraler Kontrolle ausgeht, wobei dann die Auswertung der globalen Informationen so lange dauert, dass jede Steuermaßnahme obsolet ist. Z.B. sind große Transportsysteme hochdynamisch, und die Staumeldungen – selbst wenn sie alle 2 Minuten verbreitet würden, was vollkommen illusorisch ist – können nicht so schnell ausgewertet werden, dass sie der dann entstandenen Verkehrssituation noch entsprächen. Als Konsequenz berechnen in den Lkws die Navigationsinstrumente individuell ihre Ausweichrouten. Da jedoch alle Geräte den gleichen, statischen Algorithmus benutzen, geraten bei hohem Verkehrsaufkommen alle Fahrzeuge zur Stauumgehung auf dieselbe Umleitung (niedrigerer Ordnung), wodurch das Chaos noch gewaltig vergrößert wird [6].

Dasselbe Problem ist mittlerweile beim traditionellen Top-Down-Management in elektrischen Weittransportnetzen in Form sog. Black-Outs oder Leistungseinbrüche verschiedener Dauer beobachtbar. Gleichzeitig wird zur Vermeidung der letzteren Probleme konventionell erzeugte Reserveenergie verschwenderisch, d.h. ineffizient und ökologisch bedenklich vorgehalten.

1.3   Der Übergang zu Cyber-Physical Systems

Wie oben erklärt sind gerade die statischen bzw. Top-down Strukturen der Software-Prozesse typische Barrieren, die es unter strengen Realzeitanforderungen unmöglich machen, verteilte eingebettete Systeme wie z.B. in 1.1, a) - c) zu implementieren: Die in 1.2 genannten Bedingungen sind nicht zu erfüllen.

In allen obigen Beispielen fällt die Inkongruenz zwischen den physischen Strukturen und ihren traditionellen Steuerprozessen auf. Das Paradigma der **Cyber-Physical-Systems (CPS)** *fußt aber gerade auf der Forderung nach einer strukturellen Verwandtschaft, womöglich einer Kongruenz zwischen physischen Anwendungs- und Computer-/Software-Steuerprozessen.* Nur dann kann man auch für hochkomplexe Anwendungen innovative und praxisnahe Forschung und Entwicklung erfolgreich voranbringen. Kurz für unseren Zusammenhang in 1.2 wiederholt, schließt das für die Softwareentwicklung ein: *verteilte Kontrolle, bottom-up Management für geschichtete Kontrollstrukturen, hoch-autonome Software-Prozesse (Agenten), verteilte Lernstrategien für Agenten.* Ein guter Überblick über gegenwärtige Arbeiten liefert [2], dort sind auch unsere eigenen Beiträge für die Zukunftsplanung (bis 2025) enthalten. Wie dabei gleichzeitig den in 1.2 aufgestellten Anforderungen genüge getan werden kann, soll in diesem Beitrag am Beispiel der Versorgung mit erneuerbarer elektrischer Energie demonstriert werden. Dabei geht es sowohl um transdisziplinäre Bezüge (zwischen Informatik, E-Technik und Betriebswirtschaft) als auch um die adäquate Lösung verschiedenster Einzelprobleme, deren Regelung jedoch in enger (z.B. zeitlicher) Wechselbeziehung stehen.

1.4 Eigene und fremde Vorarbeiten

Zu den angesprochenen Themen sind seit Jahren viele Einzelarbeiten erschienen, die jedoch alle auf statischen Ansätzen, globaler Information oder Kontrolle basieren und daher in die Gesamtproblematik der erneuerbaren Energieerzeugung nicht eingepasst werden können. Das Hauptanliegen dieses Beitrags liegt jedoch darin, beispielhaft darzustellen, wie ein, die Prinzipien von Cyber-Physical Systems respektierendes, Vorgehen trotz der enormen Komplexität der Problematik und Aufgabenstellungen unter rigiden zeitlichen Nebenbedingungen und sogar inkrementell zum Ziel führen kann. Unsere eigenen Vorarbeiten fanden hauptsächlich im DFG-Projekt DEZENT statt und werden neuerdings von E.on gefördert. Als Einführung in die technischen Einzelfragen wird in den folgenden Abschnitten auf die angegebene Literatur verwiesen.

2 Verteilte Agentenverhandlungen in DEZENT

2.1 Das Grundmodell

Eines der Probleme mit Windrädern bzw. Solarzellen ist die Unvorhersehbarkeit der Produktion. Dennoch ist es gerechtfertigt (aus verschiedenen praktischen Lösungen), davon auszugehen, dass der Bedarf in hohem Maße lokal befriedigt werden kann, inzwischen u.a. mit Hilfe von Batteriespeichern. Unsere Grundvorstellungen lauten im Einzelnen:

1. Der Bedarf kann entweder *innerhalb eines lokalen/ regionalen Teilnetzes (0.4-10 kV), oder zwischen Teilnetzen (110 kV)* durch erneuerbare Energie befriedigt werden, nur in Ausnahmefällen wird eine Reservekapazität in Anspruch genommen (s. Abb. 1A). In diesem Abschnitt wird angenommen, dass keine Versorgungsausfälle vorkommen.
2. Ein Energieausgleich findet zwischen verschiedenen Spannungsebenen (*bottom-up*) oder zwischen Bilanzgruppen auf derselben Ebene statt.
3. Produzenten sind normalerweise auch Verbraucher und umgekehrt.
4. Verhandlungen werden durch Erzeuger- bzw. Verbraucheragenten durchgeführt. Sie werden durch auf jeder Ebene zeitsynchronisiert parallel arbeitende Bilanzkreismanager *(balance group managers (BGMs))* koordiniert. Im Beispiel in Abb. 1B gibt es 3 solcher (Ausgleichs-) Ebenen.
5. Verhandlungen beginnen alle 0,5 s. *Wir erwarten sogar, dass diese sowie die Verteilung der verhandelten Energie deutlich vor Ende jeder solchen Periode beendet werden.* Dann könnten wir auf Vorausplanung verzichten. In der

Zwischenzeit ankommende Angebote oder Gebote werden in der nächsten Periode verhandelt. Diese Erwartung konstituiert einen harten Termin.

6. Zu Beginn jeder Periode bestimmt jeder Kunde nach gegenwärtiger Differenz zwischen Bedarf- und Erzeugungsstand, ob er als Produzent, Verbraucher oder gar nicht an den Verhandlungen teilnimmt.

7. Gebote und Angebote geschehen innerhalb von Preisrahmen, die Amortisierung und Wartung. Es gibt keine langfristigen Verträge oder Rabatte (für große oder zukünftige Käufe.)

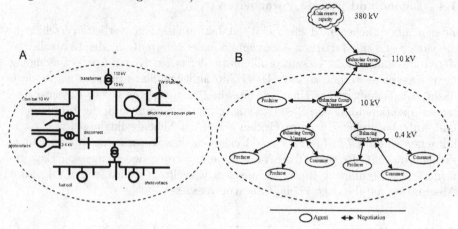

Abb. 1. Bilanzkreis und zugeordnete Agenten

2.2   Der Basisalgorithmus

Die Grundidee des Verhandlungsalgorithmus auf der Basis von 2.1 ist:

1. Sei $[A_k, B_k]$ der Preisrahmen für Ebene k ($1 \leq k \leq 3$ in Abb. 1B). Jeder Bilanzkreismanager (BGM) auf dieser Ebene führt einen *Koordinierungszyklus* von 10 *Runden* durch. Jede Runde dauert 1 msec.

2. Nach jeder Runde prüfen die BGMs *parallel*, ob Gebote und Angebote „ähnlich" genug sind. Wenn ja, wird zwischen den Parteien abgeschlossen, und zwar unter der Grundidee, dass gem. einer *Round Robin Prozedur* immer nur ein fester Betrag von *Wh* zugeschlagen wird, bis der Vorrat oder Bedarf erschöpft sind. (In der E-Technik kann Energie beliebig partitioniert werden.)

3. Die Verhandlungsstrategien eines Kundenagenten C sind gegeben durch ein opening bid $bid_C(0) \in [A_k, 1/2(B_k + A_k)]$, ein opening offer $offer_P(0) \in [1/2(B_k+A_k), B_k]$, eine gerätespezifische Dringlichkeit urg_0 und Strategieparameter s_{1C} und t_{1P}. Nach Runde n; $n \in [0,9]$ adaptieren die unbefriedigten Agenten ihre Gebote/ Angebote gemäß:

$$bid_c(n) = -(e^{\frac{urg_0 \cdot n}{s_{1C}} + s_{2C}})^{-1} + B_k \qquad (1)$$

$$offer_p(n) = (e^{\frac{urg_0 \cdot n}{t_{1P}} + t_{2P}})^{-1} + A_k \qquad (2)$$

Die Parameter s_{2C} und t_{2P} sind bestimmt durch opening bid ($bid_C(0) =$ bid_0) bzw. offer ($offer_P(0) = offer_0$):

$$s_{2C} = -log(B_k - bid_0) \ , \ t_{2P} = -log(offer_0 - A_k) \tag{3}$$

Das resultierende exponentielle Verhalten ist am besten geeignet, Gebote und Angebote schnell konvergieren zu lassen. Abb. 2 gibt ein Beispiel für 6 Verbraucher (steigende Kurven) und 5 Produzenten (fallende Kurven). Eingekreiste Gebot/Angebotspaare (ähnliche Werte) und Zahlen entsprechen der Ordnung, in der die Verträge geschlossen wurden. (Der Ähnlichkeitsbereich in Abb. 2 ist 2 cent). Der verhandelte Preis ist das arithmetische Mittel der Ähnlichkeitswerte. Bei jedem Abschluss endet eine Verbraucherkurve (z.B. Abschluss 2), eine Produzentenkurve (Abschluss 3, 4) oder beide Arten von Kurven enden (bei vollständiger Einigung wie bei Abschluss 1, 5, 6). In Abb. 2 bleiben 2 Kunden unbefriedigt nach Ende des Zyklus.

4. Unbefriedigte Kunden auf Ebene k werden auf die Ebene $k + 1$ weitergereicht. Dort sind die Preisrahmen $[A_{k+1}, B_{k+1}]$ gegenüber $[A_k, B_k]$ um ein festes Verhältnis geschrumpft (20% oder 40% sind in Abb. 2 gewählt). Eingangsgebote bzw. -angebote werde bei Bedarf in den geschrumpften Rahmen $[A_{k+1}, B_{k+1}]$ eingepasst. Die anderen Strategieparameter bleiben unverändert. Dies erhöht die Chancen für Abschlüsse. Auf der anderen Seite sind wahrscheinlich die erzielten Preise potentiell für alle ungünstiger.

5. Die Bedürfnisse oder Interessen am Ende noch unbefriedigter Kunden werden von der zentralen Reservekapazität befriedigt, allerdings zu höchst ungünstigen Preisen (vgl. Abb. 2, wo die Preise für die Ebenen 1 – 3 nach EU-Formeln, der Preis für die Reservekapazität (Großkraftwerk) nach Marktpreisen gegeben sind).

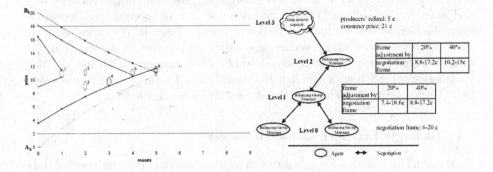

Abb. 2. Verhandlungen von Energiebeträgen (links); Beispiel für Verhandlungsrahmen und ihre Anpassung (rechts)

In umfangreichen Untersuchungen konnte gezeigt werden, dass die Deadlines alle eingehalten werden konnten, also realistisch angesetzt waren. Daher bleiben etwa bei 3 Ebenen wie in unserem Beispiel immer noch 450 ms zur Erledigung der Kommunikationsprobleme und weiterer Fragen.

2.3 Erweiterungen des Modells und der Algorithmen

Eine Diskussion der Zugriffssicherheit gegen Missbrauch ist in [4] zu finden. Wirtschaftliche Bezüge, die sich ergeben, indem ja alle Besitzer von REAs in selbstständigen Verhandlungen stehen, werden in [3] besprochen. Die Lastregelung, insbesondere die Über- bzw. Unterspannung auf den Transportnetzebenen sind in [1] dargestellt, insbesondere durch völlig neue dezentrale Abschätzmethoden. Schließlich sind die Verhandlungsstrategien zwar frei wählbar in den angegebenen Rahmen, jedoch kann sich für einen Kunden nach einigen Perioden herausstellen, dass seine Wahl „ungünstig" war. Durch Beobachtung einiger Perioden kombiniert mit explorativem Verhalten haben wir einen verteilten Algorithmus finden können, der sich an den Prinzipien des *Reinforcement Learning* orientiert [5]. Zwar sind alle Regelungen aufeinander bezogen, wegen des dezentralen Vorgehens konnte jedoch eine inkrementelle Arbeitsweise gewählt werden.

3 Kurzfristige Lastspitzen und Spannungseinbrüche

Kurzfristige Verbrauchsschwankungen (im *ms*- bis *min*-Bereich) – die oft unvorhersehbare lokale oder regionale Ursachen haben – äußern sich nicht nur als Flackern in Haushalten, sondern können Reserveenergiebelastung für zentrale Großkraftwerke bedeuten, ja sogar die Transportnetzstabilität gefährden. In DEZENT wirken wir dem entgegen, indem wir zur frühest möglichen Zeit, d.h. hier nach jedem Verhandlungszyklus (also auf jeder Verhandlungsebene) tätig werden. Die Grundidee ist, dass viele elektrische Geräte unter vielen Betriebssbedingungen temporär entweder auf Leistungsaufnahme verzichten können (Kühlschrank, Wasserboiler) oder Ladungsaufnahme unterbrechen können (Elektrobatterien). Dies stellt Reserveenergie dar, die von vornherein dort verfügbar ist, wo sie gebraucht wird, und deren Fehlen bei geeigneter Vorgehensweise die Gerätefunktion auch nicht beeinträchtigt. Dazu ist damit zu rechnen, dass die so gewonnene Reserveenergie deutlich preiswerter ist als die traditionelle (weniger Transportkosten, kein Vorhalten von Energie auf Grund globaler Planung). Schließlich wird von den BGMs auf jeder Ebene parallel in kürzester Zeit (10 *ms*) operiert, also optimal nahe am Anforderungsprofil.

3.1 Bedingte Erzeuger und Verbraucher

Während bisher Kunden Energie anboten oder anforderten, etwa indem eine Batterie an eine Steckdose angeschlossen wurde und dann entweder Ladung abgeben oder aufnehmen sollte, werden inzwischen zeitflexible Regelungen diskutiert, bei der z.B. ein Kühlschrank vom Ladevorgang abgeschaltet werden kann, solange keine maximale Temperatur überschritten wird, bei der die Haltbarkeit der Lebensmittel gefährdet ist. Entprechendes gilt auch für elektrisch geheizte Boiler oder stromgeführte Blockheizkraftwerke (*BHKW* oder *CHP*). Man kann hier von **dynamisch gesteuerter Energieregelung** sprechen. Ob nun Kunden die akkumulierten Bedürfnisse oder/und Erzeugung an/von Energie von Haushalten oder Produktionsanlagen repräsentieren oder jeweils die Geräte selbst gemeint sind: Im Folgenden sprechen wir von **bedingten** *Kunden/Verbrauchern/Erzeugern*.

3.2   Bedingte Kunden

Um für die verschiedensten Geräte eine einheitliche Darstellung zu haben, treffen wir folgende Festlegungen. Die Parameterbereiche der erwähnten Geräte sind in Tabelle 1 zusammengestellt.

1. Kühlschränke und Boiler haben eine Lade-, Battereien und BHKWs eine Abgabeleistung. Diese wird jeweils mit P bezeichnet und in kW angegeben. (Die Ladekapazität für Batterien wird hier vereinfachend noch vernachlässigt.)
2. t_{max} ist der maximale Zeitraum, in dem ein Gerät Energie aufnimmt bzw. abgibt, bis es entweder seine minimale Temperatur erreicht hat (Kühlschrank) oder wieder nachgeladen werden muss (Batterie).
3. t_{min} ist die Mindestzeit, in der ein stromgeführtes BHKW Energie erzeugen muss, um den Verbrennungsmotor nicht unterhalb der Betriebstemperatur zu betreiben.
4. t_{duty} ist die Zeit, die ein Gerät braucht, um seine Funktion als Erzeuger oder Verbraucher unbedingt zu erfüllen.

Tabelle 1. Parameterbereiche für bedingte Kunden

	$|P|$	t_{max}	t_{min}	t_{duty}
Kühlschrank	~0.2kW	<5min	0s	5min
Boiler	~2kW	<15min	0s	3min
BHKW	~3kW	<15min	>20s	3min
Batterie	~3kW	<45min	0s	3min

3.3   Ausgleichsalgorithmus

Findet in einer Periode p, am Ende eines Verhandlungszyklus n, also auf der n-ten Spannungsebene, einer der BGMs heraus, dass die zu ihm gehörige Bilanzgruppe eine von 0 verschiedene Bilanz $P_{p,n}$ hat, so wird als nächstes von jedem dieser Betroffenen (parallel!) entschieden, ob es sich um eine Bilanzspitze handelt. Dazu wird für $P_{p,n}$ ein gewichteter Durchschnitt $\bar{P}_{p,n}$ gebildet nach

$$\bar{P}_{p,n} := \bar{P}_{p-1,n} + \alpha \left(P_{p,n} - \bar{P}_{p-1,n} \right) \tag{4}$$

wobei $0 < \alpha \leq 1$. Abb. 3 zeigt für stochastisch generierte Bilanzprofile, dass kleinere α-Werte einen stark glättenden Charakter haben, was bedeuten würde, dass die relativ zur gewichteten Durchschnittskurve interpretierten Spitzen stärkere Ausgleichsmaßnahmen nötig machten, während im Extremfall $\alpha = 1$ keine einzige Spitze erschiene (da kein Unterschied zur ursprünglichen Kurve ist).

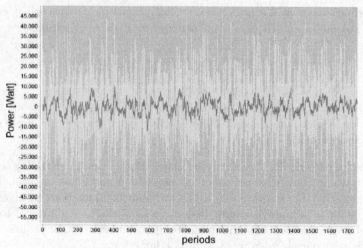

Abb. 3. Gewichteter Durchschnitt für $\alpha = 0.1$

$\Delta P_{p,n} = P_{p,n} - \bar{P}_{p,n}$ bedeutet also in diesem Kontext die jeweilige auszugleichende Spitze. Der Ausgleich erfolgt durch bedingte Produzenten oder Verbraucher, je nach der Abweichungsrichtung. Um nun bedingte Kunden für einen möglichst starken Ausgleich zu bestimmen, soll jedoch gleichzeitig der Kostenaufwand von deren Aktivierung – die sich ja über viele Perioden hinzieht (siehe 3.2) – minimal gehalten werden. Dies ist eine Formulierung des 0-1 Rucksackproblems. Formalisiert: Nach Beendigung von Zyklus n (während der Periode p) wird eine Teilmenge von $\mathbf{P}_{Cond}$ gesucht, um $\Delta P_{p,n}$ soweit wie möglich auszugleichen. Setzt man mit $c : \mathbf{P}_{cond} \to \mathbb{R}^+$ die Kostenfunktion an, die den inversen Wert der eben erwähnten Aufwandsfunktion hat, weiter $v : \mathbf{P}_{cond} \to \mathbb{R}^+$ als Ausgleichsbeitrag eines Elements von $\mathbf{P}_{Cond}$, schließlich $x : \mathbf{P}_{cond} \to \{0; 1\}$ eine Auswahlfunktion von Elementen aus P_{Cond}, so ist das Ziel:

$$\mathbf{max.} \sum c(P_i) \cdot x(P_i), \underset{P_i \in P_{Cond}}{\forall}, \text{ mit } \sum v(P_i) \cdot x(P_i) \leq \Delta P_{p,n}, \underset{P_i \in P_{Cond}}{\forall} \quad (5)$$

Dieses Problem wird von jedem betroffenen BGM mittels Linearer Programmierung (im ms-Bereich) gelöst. Die Elemente von P_{Cond} werden zu dieser Ausgleichsfunktion während der nächsten t_{min} Perioden berücksichtigt (siehe 3.2).

4   Simulationsstudien

In einer realistischen Studie auf der 0,4 kV-Ebene verglichen wir – nach intensiven experimentellen Voruntersuchungen, die aus Platzgründen hier nicht dargestellt werden können – den Gesamtbetrag von Reserveenergie, der jeweils von der nächst höheren Ebene oder der höchsten Reserveenergieinstanz (siehe 2) zum Ausgleich des Flackerns geliefert wurde, mit dem entsprechenden Resultat nach Anwendung unseres verteilten Ausgleichsalgorithmus (der ja auf jeder Ebene, d.h. in jedem Zyklus aktiviert wird). In der E-Technik ist die Kilowattstunde (kWh) die Einheit der elektrischen Arbeit. Sie entspricht der Fläche unter einer $P(t)$-Kurve (siehe 3.2). Für alle Experimente wurden 100 Läufe durchgeführt. Da die Ergebnisse nicht signifikant variierten, wurden die Ergebnisse gemittelt. Wir verwendeten für den 0,4kV-Bilanzkreis reale Profile eines Frühlingstages im Ruhrgebiet, sowie Geräte wie in Tabelle 2 erfasst.

Tabelle 2. Geräte-Zusammenstellung für 1-Tagesstudie

	$|P|$	t_{max}	t_{min}	t_{duty}
Kühlschrank	0.2kW	5min	0s	5min
Boiler	2kW	15min	0s	3min
BHKW	3kW	15min	20s	3min
Batterie	3kW	45min	0s	0min
A = 30 Kühlschränke	B = 10 Boiler	C = 5 BHKW	D = 2 Batterien	E = 4 Batterien

Die Ergebnisse der Experimente (für $\alpha = 0, 1$) sind in Tabelle 3 erfasst, geordnet nach den für die Messungen verwendeten Gerätetypen bzw. deren Kombinationen. Abgesehen von dem durchaus differenzierten Bild der jeweiligen Ersparnisse (in Abhängigkeit von den gewählten Gerätekombinationen), ergibt sich, dass in der realen Umgebung bei den über den ganzen Tag gegebenen (erheblichen) Spannungsschwankungen bis zu 75% der benötigten Reserveenergie aus der „normalen" (das hieße auch erneuerbaren Energie-) Produktion selbst abgezweigt werden konnte, daher nicht zentral (durch laufende Überproduktion) vorgehalten werden musste.

Tabelle 3. Geräte-Zusammenstellung für 1-Tagesstudie

Gerätekomb.	Ersparnis in %	Gerätekombinationen	Ersparnis in %
A	22,39	A ∪ B	69,40
B	61,32	A ∪ B ∪ C	70,91
C	5,77	A ∪ B ∪ C ∪ D	74,34
D	31,19	A ∪ B ∪ C ∪ E	75,70
E	50,97		

5 Diskussion und Ausblick

Als Beispiel für die Entwicklung großer und komplexer eingebetteter Realzeitsysteme nach den Prinzipien von Cyber-Physical Systems haben wir als Teil unseres DEZENT-Projekts die Lösung der Management-, Verhandlungs- und Verteilungsprobleme zwischen den weit gestreuten REAs bei der durchgängigen Versorgung mit erneuerbarer elektrischer Energie besprochen. Dieser Beitrag galt besonders der Minimierung der bei kurzfristigen Lastspitzen oder Spannungseinbrüchen zur Regulierung bereitzustellenden Reserveenergie. Alle diese

Prozesse sind nicht nur wechselseitig abhängig, sondern werden auch unabhängig von der Systemgröße in Perioden von 0,5 sec durchgeführt, die Verhandlungen selbst in weniger als 50 msec. Selbst die sehr effiziente Anpassung der Verhandlungsstrategien über Perioden hinweg erfolgt innerhalb dieser Zeitintervalle. Die Reserveenergie zum Ausgleich kurzfristiger Lastspitzen oder Spannungseinbrüche wird traditionell zentral von Großkraftwerken vorgehalten. In diesem Beitrag haben wir mit dem Konzept der bedingten Erzeuger und Verbraucher – die ja auf jeder Spannungsebene direkt miteinander verhandeln – einen Weg gefunden, die ihrer Natur nach lokalen Störungen unabhängig von der Systemgröße zyklenweise innerhalb jeder Periode bis zu über 70% auszugleichen. Das löst ein Schlüsselproblem der Netzstabilität, und zwar auch wieder unabhängig von der Systemgröße. Das Haupthindernis, so neue elektrotechnische Projekte wie Versorgung mit erneuerbaren Energien in die Praxis zu bringen, liegt sicherlich in der großen Zahl von Rand- und Nebenbedingungen, die sowohl mit dem funktionalen Betrieb als auch mit Sicherheit, Verlässlichkeit, (zeitlicher) Verfügbarkeit, Fehlertoleranz und schließlich mit Erweiterbarkeit und Anpassungsfähigkeit (der Funktionen sowie der Systemarchitektur selbst) zu tun haben (siehe Abschnitt 1). Der konzeptionelle Übergang von verteilten eingebetteten Echtzeitsystemen zu Cyber-Physical Systems kann daher als ein nahe liegender, wenn nicht sogar zwingend erforderlicher Weg zur praktischen Realisierung so hoch komplexer Entwicklungen gesehen werden. Jedenfalls wäre ohne die durchweg dezentralen oder bottom-up Ansätze unter der enormen Komplexität (zeitlich wie auch durch die konfligierenden Anforderungen) keine umfassende Systementwicklung möglich gewesen. In unserem DEZENT-Projekt haben wir gerade die letzte Evaluationsphase in unserer großen E-Techniklaborumgebung abgeschlossen. In den nächsten Monaten steht die Erprobung auf Gemeindeebene an.

Literaturverzeichnis

1. O. Krause, S. Lehnhoff, C. Rehtanz, E. Handschin, H.F. Wedde: On-line Stable State Determination in Decentralized Power Grid Management. *Proc. 16th Power Systems Computation Conf.*, Glasgow, 2008.
2. C. Rehtanz, H.F. Wedde: Development of Innovative Strategies for Integrating Distributed Energy Storages like Batteries and Electric Vehicles into Distribution Networks Based on Multi-Agent Technologies. http://varma.ece.cmu.edu/Auto-CPS/
3. H.F. Wedde, S. Lehnhoff et al.: Dezentrale vernetzte Energiebewirtschaftung im Netz der Zukunft. *Wirtschaftsinformatik* 6/2007, GWV GmbH, 2007.
4. H. F. Wedde, S. Lehnhoff et al.: Real-Time Multi-Agent Support for Decentralized Management of Electric Power. *Proc. 18th Euromicro Conf. on Real-Time Systems*, Dresden, 2006.
5. H. F. Wedde, S. Lehnhoff et al.: Distributed Learning Strategies for Collaborative Agents in Adaptive Decentralized Power Systems. *Proc. 15th Intl. Conf. on Engineering of Computer Based Systems*, Belfast, 2008.
6. Horst F. Wedde, Sebastian Lehnhoff, Bernhard van Bonn et al.: Highly Dynamic and Adaptive Traffic Congestion Avoidance in Real-Time Inspired by Honey Bee Behavior. PEARL Workshop 2007, Springer.

Eine Plattform für die studentische Ausbildung im Echtzeit- und Feldbusbereich

Markus Hilmer[1] und Karl-Heinz Niemann[2]

[1] IEP GmbH, Am Pferdemarkt 9c, 30853 Langenhagen
hilmer@iep.de
[2] Fachhochschule Hannover, Fakultät I - Elektro- und Informationstechnik
Ricklinger Stadtweg 120, 30459 Hannover
karl-heinz.niemann@fh-hannover.de

Zusammenfassung. Dieser Beitrag stellt mit dem Realtime Training Board (RTTB) eine Echtzeitbaugruppe vor, die speziell für den Einsatz im Hochschulbereich entwickelt wurde. Sowohl die Hard- als auch die Softwarekomponenten werden erläutert und ihre Nutzungsmöglichkeiten aufgezeigt. Unter Anderem verfügt das RTTB über einen Mikrocontroller auf Basis des Power-PC, eine Ethernet-Schnittstelle und zwei CAN Interfaces. Analoge und binäre E/A ermöglicht den Anschluss des RTTBs an zu automatisierende technische Modelle. Am Ende stehen vier beispielhafte Aufgabenstellungen, die den Einsatz in der studentischen Echtzeitausbildung illustrieren.

1 Einleitung

Die Umstellung der bisherigen Diplomstudiengänge auf Bachelor- und Masterabschlüsse hat die Ausbildung an den Hochschulen verändert. Der Anteil eigenständigen Lernens wurde erhöht, projektbezogene Arbeiten wurden in die Curricula aufgenommen. Die Lehrmethoden in den einzelnen Fächern sollten diesen geänderten Anforderungen folgen und Angebote schaffen, die es den Studierenden ermöglichen eigenständig und unter freier Zeiteinteilung Lehrstoff zu erarbeiten. Für die Ausbildung im Bereich der Echtzeitdatenverarbeitung sind hierfür preiswerte Hard- und Softwarekomponenten erforderlich, die nicht nur im Labor Anwendung finden, sondern auch an die Studierenden für Projektarbeiten ausgegeben werden können.

Unter Berücksichtigung der oben genannten Kriterien ist bei der Firma IEP GmbH in Zusammenarbeit mit der Fachhochschule Hannover das Realtime Training Board (RTTB) im Rahmen einer Diplomarbeit entwickelt worden. Der Schwerpunkt lag hierbei auf der Entwicklung einer kostengünstigen Baugruppe für studentische Projekte im Bereich Echtzeitdatenverarbeitung und Ethernet-/Feldbuskommunikation.

2 Beschreibung der Baugruppe

Die Baugruppe ist so konzipiert, dass Studierende damit sowohl Einzel- als auch Gruppenprojekte durchführen können. Bei einem Einzelprojekt nutzen die Studierenden das RTTB in Verbindung mit einem Laptop als Entwicklungssystem. Bei einem Gruppenprojekt arbeiten mehrere Studierende mit mehreren Baugruppen gemeinsam an einem Projekt und verbinden die Boards z. B. über die Ethernet-Schnittstelle oder über CAN. Diese Projekte sind nicht an die Räumlichkeiten der Hochschule gebunden, und können überall durchgeführt werden.

2.1 Die verwendete Hardware

Um für die Hochschulen ein universelles und flexibel nutzbares Lehrmedium zu schaffen, stand bei der Hardwareauswahl neben dem Preis vor allem die Vielfalt der Nutzungsmöglichkeiten im Vordergrund. Der folgende Abschnitt stellt die Hardware des RTTB vor.

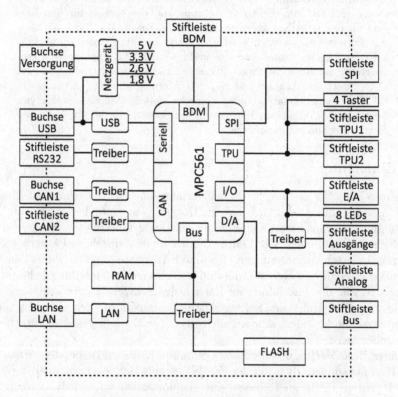

Abb. 1. Blockschaltbild des RTTBs

Abbildung 1 zeigt das Blockschaltbild der Baugruppe. Das RTTB ist mit dem Microcontroller MPC561 [1] des Herstellers Freescale, einer mit 56 MHz getakteten PowerPC-CPU, ausgestattet. Dieser Prozessor bietet auch für anspruchsvolle Anwendungen genügend Rechenleistung. Die CPU wird durch variantenreich nutzbares I/O ergänzt.

Neben der Nutzung des Prozessors selber können komplexe E/A-Aufgaben zusätzlich an die zwei integrierten Time Processing Units (TPU) abgegeben werden. Jede dieser TPUs besitzt 16 interruptfähige Kanäle, die sich unabhängig voneinander mit vielfältigen Funktionen, z. B. einfacher binärer E/A, programmierbarer Zeitmessung, Frequenzmessung, verschiedenen Arten von PWMs oder serieller E/A, belegen lassen. Dem Benutzer stehen mit diesen Modulen insgesamt 32 frei konfigurierbare E/A-Pins direkt vom Prozessor auf einer Stiftleiste zur Verfügung.

Mit Hilfe von 32 analogen Eingängen können Spannungen im Bereich von 0...5 V eingelesen werden. Acht binäre Ausgänge des RTTBs sind pulsweitenmoduliert (PWM), und erzeugen nach einem optionalen Tiefpass eine analoge Spannung von bis zu 5 V. Durch eine externe Beschaltung lassen sich die Pegel an andere Spannungsbereiche anpassen.

Um einfache Signale von Anwenderprogrammen des RTTBs ohne zusätzliche Hardware ausgeben zu können, sind acht LEDs auf der Baugruppe fest integriert. Außerdem stehen vier interruptfähige Taster bereit, welche der direkten Anwendungssteuerung oder der Eventgenerierung im Betriebssystem dienen können. So besteht die Möglichkeit einfache Ein- und Ausgabeoperationen, wie zum Beispiel ein steuerbares Lauflicht, ohne zusätzliche Hardwarekomponenten zu realisieren.

Für die persistente Speicherung des Betriebssystems, der Programme und der aufgenommenen Anwenderdaten steht ein 4 MByte großer Flash-Speicher zur Verfügung, dessen Inhalt während des Bootvorganges vollständig in das 16 MByte große RAM kopiert wird. Dieser burstfähige 32 Bit breite Arbeitsspeicher dient sowohl als RAM-Disk, als auch zur schnellen Ausführung des Systems und der gespeicherten Anwendungsprogramme.

Die USB-Schnittstelle verbindet das RTTB nicht nur mit einem PC oder Laptop, sondern stellt auch die Energieversorgung sicher. In der Standardausführung kann das RTTB so ohne zusätzliches Netzteil betrieben werden. Die Signale der RS232 Schnittstelle werden auf einer Stiftleiste bereit gestellt.

Mit dem standardmäßig vorhandenen 10 MBit/s Ethernet ist eine Schnittstelle vorhanden, die für die Vernetzung von Baugruppen untereinander, aber auch von Baugruppen mit PCs geeignet ist. Für die Kommunikation unter harten Echtzeitbedingungen stehen zwei bis zu 1 MBit/s schnelle CAN-Schnittstellen auf der Baugruppe zur Verfügung. Dank der schaltbaren Abschlusswiderstände auf dem Board ist das Aufbauen eines CAN-Netzes ohne teure CAN-Buskabel möglich.

Die Kommunikation mit zusätzlichen Hardwarebausteinen kann mittels zwei verschiedener Schnittstellen erfolgen: Zum Einen über die SPI-Schnittstelle, ausgestattet mit vier Chipselect-Signalen, und zum Anderen über einen parallelen 16-Bit breiten Bus, der den angeschlossenen Baustein direkt im Arbeitsspeicher des RTTBs abbildet.

Für die USB-Schnittstelle, eine CAN- und die Ethernet-Schnittstelle können handelsübliche Anschlussleitungen genutzt werden, da diese über genormte Steckverbinder anschließbar sind. Alle weiteren Signale stehen auf Stiftleisten zur Verfügung. Mit Buchsen oder Flachbandkabeln im Standardraster von 2,54 mm können diese auf selbstentwickelten Baugruppen weiterverarbeitet werden.

3 Die verwendete Software

Das RTTB ist mit dem Echtzeitbetriebssystem RTOS-UH der Universität Hannover ausgerüstet. [2]

Um die Arbeit mit einem internen Dateisystem möglich zu machen, ist ein Teil des Arbeitsspeichers als RAM-Disk eingerichtet. Diese enthält neben den Anwenderdaten auch Grundeinstellungen des Betriebssystems, wie zum Beispiel die Konfiguration der IP-Adresse. Sie wird gemeinsam mit allen Programmen und dem gesamten Betriebssystem zu Beginn des Bootvorganges aus dem persistenten Flash-Speicher in den Arbeitsspeicher kopiert. Dadurch, dass das Betriebssystem aus dem RAM ausgeführt wird, arbeitet es während der Nutzung schneller, und der langsamere Flash-Speicher kann ausschließlich als Backupquelle dienen. Weiterhin ist durch die Ausführung im RAM eine Wiederherstellung des letzten gespeicherten Grundzustandes nach jedem Reset garantiert. Unbeabsichtigte Modifikationen des Systems werden so bei jedem Neustart zurückgesetzt. Das Sichern geänderter Einstellungen, wie zum Beispiel der Netzwerkeinstellungen und des Inhalts der RAM-Disk, kann jederzeit mit Hilfe eines Bedienbefehls erfolgen, der den Flash-Speicher löschen und neu programmieren kann.

Neben der Absicherung ist natürlich auch eine einfache Zugriffsmöglichkeit auf die Daten notwendig. Da das RTTB über einen FTP-Server verfügt, kann der Inhalt der RAM-Disk mit Hilfe eines FTP-Clients über ein Netzwerk ausgelesen oder geschrieben werden. Außerdem ermöglicht ein Webserver dem Studierenden eigene Webseiten zu erstellen, und dort beispielsweise Messwerte und Statusmeldungen selbständig aktualisierend anzuzeigen. Ebenfalls über Ethernet steht der integrierte Telnet-Server bereit, welcher den schnellen Zugriff auf die Betriebssystem-Shell auch remote über Netzwerk ermöglicht.

Für die Entwicklung von RTTB-Anwendungen, sowie für die Bedienung der Baugruppe, werden mit dem RTTB verschiedene Werkzeuge geliefert. So steht sowohl ein Compiler für die weit verbreitete Programmiersprache C, als auch für die Echtzeitprogrammiersprache PEARL zur Verfügung. Darüber hinaus können mit Hilfe der Programmiersoftware CoDeSys Anwendungen in den typischen nach IEC 61131-3 genormten Sprachen für Speicherprogrammierbare Steuerungen (SPS) erzeugt werden. So ist das Erstellen von Anwendungen in den IEC-Sprachen Funktionsplan (FUP), Kontaktplan (KOP), Anweisungsliste (AWL), Strukturierter Text (ST) und Ablaufsprache (SFC) möglich. Neben der Anwendungsentwicklung stehen auch spezielle Werkzeuge für die Kommunikation mit dem RTTB zur Verfügung. Das von der Firma IEP entwickelte Programm RTERM32 vereinfacht die Bedienung der Baugruppe unter Anderem durch die integrierten RTOS-UH Befehle.

Momentan entsteht für das RTTB eine Anwenderdokumentation, die sowohl die Inbetriebnahme, als auch die Installation der Entwicklungssoftware beschreibt. Darüber hinaus wird für die Studierenden eine Aufgabensammlung mit verschiedenen Schwierigkeitsgraden bereit gestellt, einschließlich der zugehörigen Musterlösungen. Dadurch kann sich der Benutzer oder die Benutzerin auch ohne spezielle Einweisung mit dem RTTB vertraut machen, und gelangt schnell an den Punkt, die Möglichkeiten des Boards zum praxisnahen Lernen nutzen zu können.

4   Beispielhafte Aufgabenstellungen

Je nach Verwendungszweck des RTTBs können unterschiedliche Aufgabenumfänge realisiert werden. Eine Nutzung in Laboren, bei denen die Lösung einer Aufgabe in einer Laboreinheit vom Studierenden bewältigt werden sollte, ist genauso möglich, wie der Einsatz für eine Semesterarbeit, bei der aufwendigere Aufgabenstellungen gestellt werden können. Um die Möglichkeiten des RTTBs zu verdeutlichen, werden an dieser Stelle einige Anwendungsbeispiele exemplarisch beschrieben.

4.1   Echtzeit: Prioritäten und Einplanungen verschiedener Beispieltasks

Die Echtzeitfähigkeit eines Systems hat wesentlich mehr Aspekte als nur das Reagieren des Betriebssystems in einer vorgegebenen Zeit. Das Betriebssystem RTOS-UH kann diese Aspekte, zum Beispiel die Skalierbarkeit, die Prioritätenverwaltung, sowie die Zeit- und Interrupt-Einplanung beispielhaft vermitteln. Aufgrund der übersichtlichen Bedienung lassen sich Taskzustände beobachten und Einplanungen vorgeben, so dass das Verhalten eines Echtzeitsystems mit konsequenter Prioritätenverwaltung vom Studierenden praktisch erfahren werden kann.

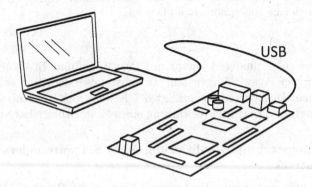

Abb. 2. Das RTTB kann über USB angeschlossen werden, so dass keine zusätzliche Stromversorgung nötig ist

Aufgabenstellung. Es sollen vom Studierenden mehrere Tasks mit unterschiedlichen Prioritäten erstellt werden. Jede Task benötigt für eine Aufgabe eine bestimmte Rechenzeit. Das Starten und das Beenden werden sowohl durch LEDs auf der Baugruppe signalisiert, als auch durch Ausgabe der Uhrzeit in der Shell festgehalten.

Der Studierende soll nach dem Erstellen der Tasks diese in wechselnden Reihenfolgen und Zeitabständen starten und einplanen, so dass unterschiedliche Taskwechsel und entsprechende Tasklaufzeiten zustande kommen. Anhand der Informationen der Shellausgabe sollen Taskzustandsdiagramme aufgenommen bzw. gezeichnet werden.

Im weiteren Verlauf der Aufgabe wird eine Abhängigkeit der Tasks zueinander programmiert, welche eine ebenfalls im Diagramm aufzunehmende Prioritätenverschiebung zur Folge hat.

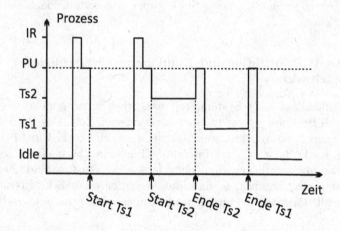

Abb. 3. Taskzustandsdiagramm, welches die Unterbrechung einer niederpriorisierten Task (Ts1) durch eine höherpriorisierte (Ts2) zeigt

Lernziel. Der eigenständige Umgang mit Prioritäten und Tasklaufzeiten sowie das Erkennen der Auswirkungen von Taskzustandsänderungen soll praxisnah erprobt werden. Darüber hinaus erfolgt der Erwerb von Kenntnissen über das Scheduling und die Prioritätenverwaltung eines Echtzeitbetriebssystems.

4.2   Regelungstechnik: Realisierung eines Softwarereglers mit Regelstrecke

Das größte Einsatzgebiet von Echtzeitsystemen ist die Regelung und Überwachung von technischen Prozessen. Mit dem RTTB lässt sich dieses Themengebiet anhand von Versuchen besonders gut bearbeiten, da mit den I/O-Schnittstellen die Kommunikation mit den zu automatisierenden Prozessen, aber auch mit anderen Baugruppen, bequem erfolgen kann.

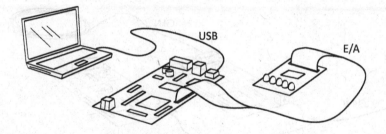

Abb. 4. Um die digitale und analoge Ein- und Ausgabe zu nutzen, können an die Stiftleisten des RTTBs standardisierte Buchsenleisten oder Flachbandkabel angeschlossen
werden

Aufgabenstellung. Der Studierende soll für eine vorgegebene Regelstrecke
Reglerparameter auslegen, und diese mit Hilfe eines eigenständig programmier-
ten Softwarereglers auf die Strecke anwenden. Dieser Regler wird mit Hilfe einer
zyklisch aufgerufenen Task realisiert.

Für die Messung der Eingangsgröße soll einer der Analogeingänge genutzt
werden. Die Ausgabe des Reglers soll auf einem pulsweitenmodulierten Ausga-
beport erfolgen. Den PWM-Ausgängen kann bereits auf der Baugruppe optional
ein Tiefpass nachgeschaltet werden, so dass ein analoger Ausgabewert erzeugt
werden kann.

Da der Aufbau einer Regelstrecke sich gut mit diesem Versuch kombinieren
lässt, bietet sich der Aufbau einer analogen Strecke mit Hilfe von Operations-
verstärkern an. So kann neben der reinen Software auch die fächerübergreifende
Elektronikausbildung mit dem RTTB unterstützt werden.

Lernziel. Der beschriebene Versuch beschäftigt sich sowohl mit der Programmierung eines Microcontrollers, als auch mit regelungstechnischen Aufgabenstellungen. Neben dem Entwickeln und Realisieren eines Softwarereglers soll auch
das Konfigurieren und Auslesen der Analogeingänge und das Konfigurieren und
Schreiben der PWM-Ausgänge erlernt werden. Das Thema Regelungstechnik
erfährt so viel Praxisbezug, da selbst erzeugte physikalische Größen eines eigenständig entwickelten Reglers gemessen und ggf. auch visualisiert werden können.

4.3   Feldbus: Baugruppenübergreifende Kommunikation mit CAN

Die Prozesskommunikation in der Industrie nutzt gegenüber den analogen Strom-
schnittstellen immer mehr die Bustechnologie zum Datenaustausch.

Da das Verständnis der nachrichtenorientierten Kommunikation des CAN-
Busses von grundlegender Bedeutung für die Arbeit mit dem Bus ist, sollten in
dem aufgebauten Versuchssystem mehr als zwei Teilnehmer vorhanden sein. Auf
einer Baugruppe sind bereits zwei CAN-Schnittstellen integriert, so dass sich eine
Gruppenarbeit mit zwei Studierenden, dementsprechend vier Busteilnehmern,
anbietet.

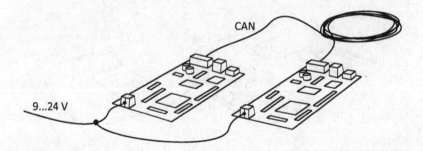

Abb. 5. Mit Hilfe der zwei CAN-Bus Schnittstellen auf dem RTTB kann Kommunikation boardübergreifend stattfinden

Aufgabenstellung. Es ist vom Studierenden eine Anwendung zu entwickeln, mit der die baugruppenübergreifende Ansteuerung der LEDs des RTTBs möglich ist. Dazu soll vom Studierenden ein Programm entwickelt werden, welches das erste Datenbyte einer CAN-Nachricht mit einem definierten Identifier auf den LEDs des RTTB ausgibt. Ein weiteres Programm sendet ein bestimmtes wechselndes Bitfolgemuster mit dem entsprechenden Identifier auf den CAN-Bus. Im weiteren Entwicklungsverlauf sollen Nachrichten mit einem weiteren Identifier vom sendenden Programm so ausgewertet werden, dass sich Reihenfolge der gesendeten Bitfolgen ändert. Möglich ist zum Beispiel ein Lauflicht mit Richtungsänderung, welches von einer Baugruppe angezeigt und von einer Anderen berechnet wird.

Lernziel. Durch das Betreiben mehrerer Baugruppen an einem CAN-Bus wird die nachrichtenorientierte Kommunikation praxisnah vermittelt. Dadurch lernt der Studierende schnell, verteilte Anwendungen zu programmieren, welche vordefinierte Identifier nutzen, um Nachrichten zu kennzeichnen.

4.4 Kommunikationstechnik: Socketprogrammierung für Datenaustausch über Netzwerk

Die Verbindung des RTTBs mit anderen Geräten über ein Netzwerk öffnet eine Vielzahl an Möglichkeiten Daten auszutauschen. Neben den bereits vorinstallierten Servern ist auch die Kommunikation über das Socket-Interface für selbstgeschriebene Anwendungen möglich.

Aufgabenstellung. Es soll ein Chatprogramm entwickelt werden, welches auf eingehende Verbindungen eines definierten Ports wartet, aber auch aktiv Kontakt zu anderen Servern des Ports aufnehmen kann. Die Anwendung kann dabei zusätzlich zur RTOS-UH-Version auch als PC-Version für ein beliebiges Betriebssystemen entwickelt werden.

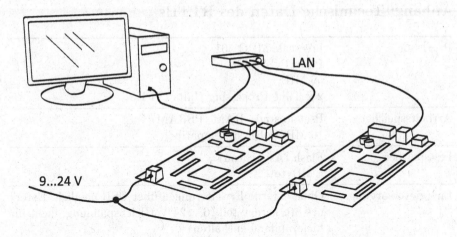

Abb. 6. Das RTTB kann über Ethernet mit PCs oder anderen Baugruppen verbunden werden

Im weiteren Verlauf des Versuchs soll das Programm um die Möglichkeit des Auslösens von Hardwareaktionen auf dem RTTB nach Empfang bestimmter Chat-Nachrichten erweitert werden. So soll zum Beispiel nach Eingang der Nachricht „LED 1 ein" eine LED auf dem Board eingeschaltet werden.

Lernziel. Neben der Socket-Programmierung lernt der Studierende wesentliche Grundlagen der Netzwerkkommunikation kennen. So wird anschaulich das Client-Server-Modell in der Anwendungsschicht des OSI-Modells veranschaulicht. Auch andere Schichten der Kommunikation können mit Hilfe zusätzlicher Werkzeuge zur Netzwerkanalyse, wie zum Beispiel des Programms Wireshark, beobachtet werden. So kann die TCP-Verbindungsherstellung des selbstgeschriebenen Programms detailliert beobachtet werden.

Literaturverzeichnis

1. Gerth, W.: RTOS-UH Handbuch: http://www.irt.uni-hannover.de/pub/ rtos-uh/HANDBUCH/Aktuelle Arbeitsversion/rtosh.pdf
2. Freescale Semiconductor: MPC561/MPC563 Reference Manual: MPC561RM REV 1.2 08/2005 http://www.freescale.com/files/microcontrollers/doc/ ref_manual/MPC561RM.pdf

Anhang: Technische Daten des RTTBs

Prozessor	Freescale MPC 561 PowerPC 32-Bit 56 MHz 2 x Time Processing Units (TPU3)
Artbeitsspeicher	Pseudo static RAM (PSRAM) 16 MByte Burst kompatibel
Festspeicher	Flash (Asynchron) 4 MByte
Energieversorgung	Ohne externe Erweiterungen über USB möglich. Externes Steckernetzteil (6...24 V Gleichspannung, nicht im Lieferumfang enthalten)
Kommunikations-schnittstellen	1 x Ethernet 10 MBit/s 1 x USB 2.0 2 x CAN (1 x Sub-D-Buchse, 1 x Stiftleiste) 1 x RS232 (Stiftleiste) 1 x SPI mit vier Chipselectsignalen 1 x Background Debug Mode (BDM) Interface 1 x paralleler 16-Bit Bus

I/O-Schnittstellen	MIOS-Port:
	  Spannung: 5 V
	  10 x Clock-, Load-Input
	  8 x pulsweitenmodulierte (PWM) Ausgänge
	  16 x I/O, davon 4 x mit Taster, 8 x mit Treiber und LED
	QADC-Port:
	  extern einstellbare Referenzspannung (3...5 V)
	  32 x Analogeingänge
	  Multiplex bis zu 64 Eingänge möglich
	2 x TPU-Port:
	  Spannung: 5 V
	  16 x frei konfigurierbare I/O
	  1 x Clock

HighTecBot

Ein Roboter-Baukastensystem zur Unterstützung der Informatik-Lehre an Hochschulen

Martina Lehser, Benjamin Behringer und Eric Wagner

HTW - Hochschule für Technik und Wirtschaft des Saarlandes,
Fachbereich Informatik, Forschungsgruppe AuRoRA (`www.aurora-ag.de`),
Goebenstr. 40, 66117 Saarbrücken

Zusammenfassung. Der HighTecBot ist ein modulares Roboter-Bau-kasten-System für die Lehre und Forschung an Hochschulen. Durch den Einsatz von modernen und zukunftsweisenden Komponenten fordert und fördert er gleichermaßen Studierende, besonders aus den Fachbereichen Informatik, Mechatronik und Elektrotechnik. Dabei bietet sich ihnen die Möglichkeit mit innovativen Technologien zu arbeiten. Ziel ist es, schwierige Informatik-Inhalte klar und strukturiert darzustellen, inter-disziplinäres Wissen zu vermitteln und Studierende zu ausgezeichneten Leistungen zu motivieren.

1 Einleitung

In der Informatik-Ausbildung an Hochschulen wird es zunehmend notwendig, Kerninhalte der Informatik auch im Zusammenhang mit fächerübergreifenden Inhalten zu vermitteln. Ein typisches Beispiel ist die Robotik, bei der neben Informatik-Fragestellungen auch Probleme der mechanischen Konstruktion und elektrischen Verschaltung eine wichtige Rolle spielen. Gerade in diesen Gebieten wird das Zusammenspiel verschiedenster Disziplinen notwendig. Hier können Studiengänge, wie Elektrotechnik, Mechatronik und Informatik, interdisziplinär unter einem ganzheitlichen Ansatz auch größere Projekte erarbeiten.

Ein interessantes Aufgabengebiet der Robotik ist die Programmierung von mobilen autonomen Robotern, die in der realen Welt agieren. Dabei werden neben funktioneller Korrektheit auch rechtzeitige Reaktionen des Systems auf Ereignisse der Umgebung gefordert. Diese werden meist als Eingebettete Echt-zeitsysteme realisiert.

All diese Ziele zu vereinen, stellt eine große Herausforderung an die Hoch-schullehre dar. Ein Lösungsansatz spiegelt sich im Forschungsbereich Ausbil-dungsrobotik wider. Dieser beschäftigt sich mit den wesentlichen Aspekten in der Konzeption, der prototypischen Entwicklung und dem Einsatz von Robotern und Roboterbaukästen für Forschungs- und Ausbildungszwecke. Neben der Ent-wicklung modular aufgebauter Roboter, an denen Studierende sämtliche Aspekte der Robotik und damit auch allgemeiner Aufgabenstellungen der Informatik er-lernen können, spielt auch die Entwicklung didaktischer Konzepte zur Lehre eine wesentliche Rolle.

2   Das Projekt HighTecBot

Auslöser für die Planung eines hochschultauglichen modularen Roboter-Bau-
kastensystems an der HTW, war die Entwicklung des ProfiBot-Systems des
Fraunhofer-Instituts für Intelligente Analyse- und Informationssysteme in Sankt
Augustin. Ziel des dreijährigen ProfiBot-Projektes war die Entwicklung eines
Roboter-Baukastensystems für die berufliche Mechatronik-Ausbildung. Dabei
wurde besonderer Wert auf die Erstellung von Lehr- und Lernmaterialien gelegt.
Den Auszubildenden werden entweder die Grundkomponenten oder Fertigungs-
zeichnungen zur Verfügung gestellt, aus denen sie zunächst ein Basissystem, ein
mobiles Grundsystem mit elementaren Sensoren und Aktuatoren, selbst zusam-
menbauen. In weiteren Schritten werden dann die elektrischen Komponenten
einschließlich der gesamten Verkabelung installiert. Die Programmierung erfolgt
Signalfluss-gesteuert. Je nach Schwerpunkt der Ausbildung kann das Basissystem durch Sensoren, Aktoren und zusätzliche Bauteile erweitert werden [1].

Neu am HighTecBot, der Weiterentwicklung als Hochschulvariante, ist im wesentlichen die zentrale Steuerungseinheit und die Antriebstechnik. Die Steuerung
übernimmt ein Eingebettetes System der Firma HighTec auf Basis der TriCore-
Prozessorfamilie. Verwendet wird ein Echtzeitbetriebssystem, ein Safety Framework für Eingebettete Systeme [2]. Die Antriebe für den HighTecBot kommen
aus dem industriellen Bereich. Es sind direkt angetriebene BLDC-Motoren, die
nach dem VirtuHall-Prinzip mit einer hohen Positionsauflösung arbeiten [5].

Abb. 1. HighTecBot-Basismodell, Foto: IAIS

3   Einsatz in der Lehre

In der Informatik-Lehre stellt sich oft das Problem, Studierende für schwierige Aufgabenstellungen wie die hardwarenahe Software-Entwicklung oder die Programmierung paralleler Prozesse zu motivieren. Auch die Vermittlung von Wissen über Echtzeitsysteme gestaltet sich meist sehr schwierig. Die komplexen Lerninhalte werden häufig nur in der Theorie angeboten oder rein virtuell auf einem Computer umgesetzt. Der Bezug zur Realität ist dann nur schwer nachvollziehbar und der Lernerfolg ist begrenzt. Die Motivation von vielen Studierenden sinkt und das Studium wird zu einer kaum überwindbaren Hürde.

In modernen auf Hochschul-Niveau geführten Lehrveranstaltungen besteht daher durch den Einsatz eines vielseitigen mobilen Roboters die Möglichkeit, komplexe Problemstellungen in einem realen praktischen Kontext umzusetzen. Durch die Begeisterung, die für fahrende Roboter immer wieder zu beobachten ist, wird es möglich, die Studierenden für komplexe Themen zu interessieren, die sonst nur schwer zugänglich sind. Vorlesungen und Übungen werden damit auf spielerische Weise um praktische Aspekte bereichert. Dies fördert nicht nur die Motivation, Eigeninitiative und Kreativität von Studierenden, sondern verdeutlicht auch die Vorteile eines mobilen Roboters. Durch ihn werden auftretende Probleme geklärt und Erfolge sichtbar gemacht. Der Schwerpunkt liegt dabei auf der Entwicklung von Applikationen für Eingebettete Systeme, bei denen parallele konkurrierende Tasks im Vordergrund stehen. Ein autonom agierendes System ist auf Sensoren angewiesen, die ihm Informationen aus seiner Umgebung übermitteln. Dabei müssen die Ereignisse priorisiert und unter zeitkritischen beziehungsweise zeitunkritischen Gesichtspunkten betrachtet werden. Treten viele Ereignisse nahezu gleichzeitig auf, besteht die Schwierigkeit darin, die wichtigen Ereignisse in einer vorgegeben Zeit zu bearbeiten, um rechtzeitige Reaktionen zu garantieren. Zusätzlich gilt es, die Zuverlässigkeit eines Systems zu realisieren und keine Ereignisse zu "vergessen". Damit all diese Randbedingungen beachtet werden können, ist es in den meisten Fällen der Programmierung von Eingebetteten Systemen erforderlich, ein Betriebssystem zu verwenden. Erst ein Betriebssystem kann eine sichere Basis für die Entwicklung von sicherheitsrelevanten Anwendungen geben. Dabei handelt es sich im Allgemeinen um Echtzeitbetriebssysteme, die entweder harten oder weichen Echtzeitanforderungen unterliegen.

Es wird also nicht nur der Lernerfolg durch den Einsatz eines mobilen Roboters, wie dem HighTecBot gesteigert, sondern auch die Palette an Einsatzmöglichkeiten. Er fordert, fördert und vertieft Kenntnisse aus den Fächern Robotik, Programmierung, Betriebssysteme, parallele verteilte Systeme, Kommunikationssysteme, Software-Technik und vielen mehr. Dabei deckt er nicht nur die klassischen Bereiche der Robotik ab, sondern auch Fachgebiete wie etwa Eingebettete Systeme oder Echtzeitsysteme. Es wird ein breites Spektrum an Wissen vermittelt, das einen praktischen Bezug zur Industrie herstellt. Wird das didaktische Konzept des 'Learning by doing" beispielsweise in der Technischen Programmierung im Bachelor-Studiengang Mechatronik/Sensortechnik eingesetzt, erhalten die Studierenden ein Werkzeug, um im späteren Arbeitsleben zu bestehen. Das theoretisch vermittelte Wissen wird in praxisorientierten Workshops reflektiert und gefestigt. Dabei können gängige Methoden der Industrie in einer frühen Phase des Studiums näher gebracht werden. In den Bachelor- und Master-Studiengängen der Praktischen und der Kommunikations-Informatik werden die Studierenden ebenfalls besser auf ihre Karriere oder Berufstätigkeit nach dem Studium vorbereitet. Die HighTecBot-Möglichkeiten reichen dabei von der Treiber- und Anwendungsentwicklung, über die Analyse von Systemen hinsichtlich ihrer Echtzeitfähigkeit, bis hin zu klassischen Problemstellungen der Robotik. Durch die vielen interessanten Forschungsgebiete ist der HighTecBot somit eine attraktive Plattform für Bachelor- und Masterarbeiten und ermöglicht Studierenden, fächerübergreifende Schlüsselkompetenzen zu erlangen.

Doch nicht nur die Studierenden profitieren von den zahlreichen Möglichkeiten des HighTecBot. Aus Sicht der Hochschulen ist es zum einen wichtig den Kostenaufwand einer Investition gering zu halten, zum anderen soll diese zur Ergänzung von bestehenden Laboren schnell und einfach einsetzbar sein. Aufgrund der modularen Systemarchitektur ist keine Spezialsoftware notwendig, das heißt eine Einbindung in den Laborbetrieb ist nahezu problemlos. Die Anwendungsentwicklung ist unter den gängigen Betriebssystemen möglich und die Entwicklertools sind entweder frei oder über kostenlose Hochschullizenzen verfügbar.

4 Technologien

Zur effizienten Software-Entwicklung für Eingebettete Systeme wird eine funktionale und integrierte Entwicklungsumgebung benötigt. Wegen der einfachen Konfigurierbarkeit und Erweiterbarkeit hat sich die freie Entwicklungsumgebung Code::Blocks bewährt. Code::Blocks ist an das eingesetzte Echtzeit-Multitasking-Betriebssystem PXROS-HR der Firma HighTec EDV-Systeme GmbH angepasst und umfasst die gesamte TriCore-Toolchain. Software kann in C oder C++ unter Linux und Windows entwickelt werden. Besonders komfortabel ist die Nutzung des integrierten GDB-Insight-Debuggers, der auf einfache Art und Weise die Programmausführung oder -unterbrechung, sowie den Inhalt von Variablen und Registern visualisieren kann. Neben GNU Compiler und Debugger stehen Werkzeuge aus der PXROS-Umgebung zur Verfügung, um Software auf die entfernten Boards zu laden und um die Task-Aktivitäten auf dem Board zu beobachten. Ein derartiges Diagnosetool ist die PXROS-Anwendung PxView. Es bietet eine Sicht auf alle im System befindenden Tasks, sowie Scheduling-Aktivitäten [3], [4].

Diese Toolchain ergänzt das eigentliche Echtzeitbetriebssystem PXROS-HR und ermöglicht einen schnellen und komfortablen Einsatz. PXROS-HR ist ein Task-basiertes System, das die Strukturierung einer Software durch Modularisierung einzelner Komponenten sehr vereinfacht. Bei einem PXROS-HR System existieren keine globalen Interruptsperren innerhalb des Kernels. Tasks sowie der Kernel selbst können jederzeit unterbrochen werden. Abgesehen von unvermeidbaren Hardware-Latenzzeiten verursacht das System keine weiteren Interruptlatenzen. Diese beiden Eigenschaften garantieren ein vorhersehbares zeitliches Verhalten und ermöglichen somit harte Echtzeit.

Das Grundprinzip des Echtzeitmikrokerns basiert auf Kapselungsprinzipien, die es ermöglichen, Software-Module nach hohen Sicherheitsstandards zu entwickeln. Eine strikte Kapselung von Software-Modulen ist notwendig, um eine gegenseitige Beeinflussung zu vermeiden und die Einhaltung von Sicherheitsanforderungen zu erfüllen. Dadurch ist auch eine vereinfachte Zertifizierung des gesamten Systems sowie eine saubere Trennung verschiedener Applikationen möglich. Für die Realisierung der Kapselungsprinzipien verwendet PXROS-HR die Memory Protection Unit (MPU) des TriCore-Microcontrollers von Infineon und bietet somit einen hardware-basierten Speicherschutz für Software-Module. PXROS-HR übernimmt die Verwaltung der MPU und überwacht auch zur Laufzeit die Einhaltung der Kapselgrenzen. Dies verhindert eine Fehlerfortpflanzung und ein Fehler in einem Software-Modul kann nicht Daten in anderen Software-Modulen zerstören oder sicherheitsrelevante Funktionen beeinflussen. Das heißt, es ist Tasks unmöglich, auf fremde Speicherbereiche zuzugreifen. Hierbei werden sowohl Grenzen in Bezug auf Zugriffsschnittstellen als auch die Zuweisung von Ressourcen eindeutig festgelegt. Für die Kommunikation zwischen den Kapseln stellt PXROS-HR einen sicheren und standardisierten Nachrichtenaustausch zur Verfügung. Es wird also sichergestellt, dass ein funktionierendes System nicht durch neue, fehlerhafte Tasks beeinflusst wird.

5   Aufbau des HighTecBot

Die wesentlichen Komponenten des HighTecBot-Basismodells bilden ein Eingebettetes System auf TriCore-Basis, zwei Antriebe und rundumlaufende Schaltleisten als Berührungssensoren.

Das TriCore-Board ist ein speziell auf PXROS-HR zugeschnittenes Eingebettetes System mit einem 150 MHz 32-Bit-Prozessor mit Memory Protection Unit (MPU), 2 MB programmierbarem Flash-Speicher und einer Vielzahl an Schnittstellen, zum Beispiel digitale I/Os, CAN, LIN, USB und LAN. Über eine Leistungsendstufe werden zwei direkt angetriebene BLDC-Motoren mit einer hohen Positionsauflösung angeschlossen. Diese können über die in PXROS-HR integrierte VirtuHall-API angesteuert werden. Das VirtuHall-Prinzip nutzt die physikalische Eigenschaft der Induktivitätsänderungen der Motor-Wicklungen zur exakten Positionsbestimmung [5].

Dieses Basismodell lässt sich mechanisch und elektrisch um weitere Komponenten, wie Controller-Boards, Sensoren und Aktuatoren erweitern. Sensoren und Aktuatoren werden über entsprechende Software-Module in die Applikationen integriert. Jedes weitere Controller-Board erhöht die Komplexität des Systems. Eine Erweiterung des Basismodells wurde mit einer WLAN-Board-Erweiterung ausgestattet, siehe Abbildung 2. Auf dem TriCore-Board läuft das PXROS-HR-Basissystem, während das WLAN-System mit einem Debian-Linux arbeitet. Die Kommunikation zwischen beiden Systemen erfolgt über LAN und eine Ansteuerung der Motoren wird über herkömmliche Linux-Anwendungen

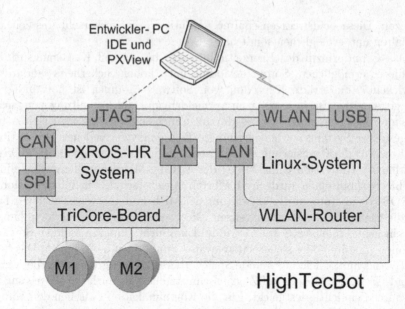

Abb. 2. HighTecBot System-Architektur, Abb. aus [7]

möglich. Des Weiteren wurde das Grundsystem durch einen Laserscanner, Infrarot-Sensoren und Lichttaster erweitert.

6   Programmierung einer Echtzeitumgebung

Die zur Programmierung des Eingebetteten Systems eingesetzte PXROS-HR Echtzeitumgebung setzt sich aus mehreren Komponenten zusammen. Die Grundlage jeder Anwendung bildet das PXROS-HR Basis-System, das eine Motorsteuerung enthält, um beide Motoren des HighTecBots einzeln anzusteuern. Aufsetzend auf der Motorsteuerung wird unter anderem eine Geschwindigkeits- und Fahrregelung entwickelt. Neben dem Betriebssystem-Kern sind hier die VirtuHall-API sowie alle Treiber zur Nutzung der Schnittstellen des Systems implementiert. Auf dieser Basis setzen die Applikationstasks auf. Aus Sicht einer individuellen Task ist sie die einzige Anwendung, die auf dem Board läuft und muss keine Rechenzeit mit anderen teilen. Dieses Prinzip eines virtuellen Prozessors für jede Task ermöglicht eine unabhängige Entwicklung, ohne auf bereits bestehende Tasks zu achten. Das Basis-System selbst ist ebenfalls aus Tasks aufgebaut, die jedoch für den Programmierer nicht ersichtlich sind, siehe Abbildung 3. Somit ist eine Manipulation durch andere Tasks nicht möglich. Um mit anderen Tasks zu kommunizieren, stellt PXROS-HR Nachrichten- und Signal-Mechanismen für eine gesicherte standardisierte Task-Kommunikation zur Verfügung. Die Entwicklung eines solchen Systems wird durch in Code::Blocks integrierte Wizards und Tools unterstützt. Diese ermöglichen die Generierung und Konfiguration eines Basis-Systems und geben zudem den Rahmen zur Er-

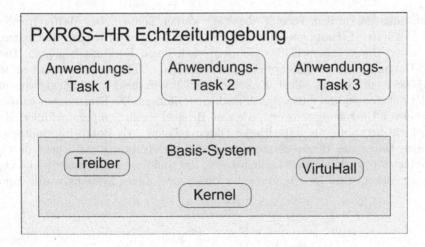

Abb. 3. PXROS-HR Echtzeitumgebung

stellung neuer Tasks vor. Da sich das Basis-System nach dessen Generierung in der Regel nicht mehr ändert, kann es schon zu Beginn der Task-Programmierung fest in den Flash des Boards geschrieben werden. Somit entfällt eine wiederholte Übertragung in den ROM und das Basissystem ist gegen ungewollte Änderungen geschützt. Neue Tasks können dynamisch zur Laufzeit des Basis-Systems zu diesem geladen und mit Hilfe des Debuggers analysiert werden. Dies ermöglicht schnelle und einfache Tests der Applikationen. Besonders interessant ist hierbei das komfortable Debuggen mehrerer gleichzeitig laufender Tasks. Vor allem zur Beobachtung der Task-Kommunikation ist diese Möglichkeit zur Kontrolle sehr hilfreich, um beispielsweise Deadlocks durch ein falsches Kommunikationsverhalten oder schlecht gesetzte Task-Prioritäten zu erkennen.

7   Anwendungsbeispiele

7.1   Webinterface

Eine PXROS-HR Beispielanwendung ist die Erfassung und Weiterverarbeitung von Messdaten. Diese werden zum einen durch Sensoren erfasst, die aus ihrer Umgebung Informationen entgegennehmen, zum anderen aus Zustandsinformationen des Systems selbst. Realisiert man eine Messdaten-Erfassung als Eingebettetes System, so stellt sich die Frage, wie die Messdaten sicher und lückenlos erfasst und wann sie weiterverarbeitet beziehungsweise weitergegeben werden [6].

Eine solche Anwendung sollte an der HTW im Rahmen des HighTecBot-Projekts realisiert werden. Informatik-Studierenden wurde die Aufgabe gestellt, eine Messdaten-Erfassung zur Messung von Sensordaten des HighTecBots zu realisieren. Diese sollte in der Lage sein, sowohl zeitkritische als auch zeitunkritische Informationen zu erfassen, zu verarbeiten und zu visualisieren. Zeitunkritische Daten sollten über ein Interface vom Mess-System unkompliziert und in

einem aussagekräftigen Format abgefragt werden können. Des Weiteren sollte
das Messdaten-Erfassungssystem nicht nur zwischen zeitkritischen und zeitunkritischen Daten unterscheiden, sondern auch deren Herkunft beachten. Dies
sind Daten, die ein oder mehrere Sensoren liefern, und Statusinformationen des
Eingebetteten Systems selbst. Es sollte möglich sein, beide unabhängig voneinander abzufragen und falls möglich auch zu verändern. Die Sensordaten wurden
hierbei von Umgebungssensoren, wie zum Beispiel einem Temperaturfühler oder
von Licht-Sensoren, als zeitkritische Daten geliefert. Als Board-Informationen
wurden Daten des Betriebssystems wie Speicherauslastung und Zustände der
einzelnen Anwendungstasks herangezogen. Sie sind eher als zeitunkritische Daten anzusehen. Das Design sowie die Umsetzung dieses Systems wurde kom-

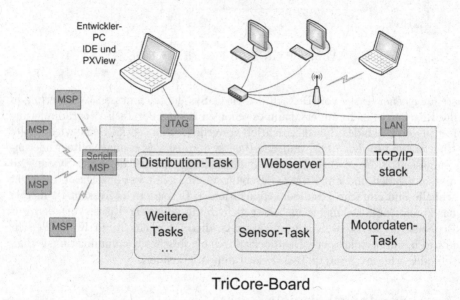

Abb. 4. Der vereinfachte Aufbau des Messdaten-Erfassungssystems

plett in die Hände der Studierenden gelegt. Hierbei stellte sich ihnen nicht nur
die Frage, wie das Messdaten-Erfassungssystem aufgebaut wird, sondern auch
wie die Daten zu der aufrufenden Instanz, zum Beispiel durch einen Benutzer, übertragen und dort dargestellt werden. Zur Datenübertragung bietet der
HighTecBot gleich mehrere Möglichkeiten an, wie zum Beispiel (W)LAN, LIN
Bus oder SPI. Hierfür stellt PXROS-HR bereits Funktionen zum einfachen Senden beziehungsweise Empfangen von Daten bereit. Lediglich auf der Gegenseite
müssen entsprechende Schnittstellen geschaffen werden, um mit dem HighTec-
Bot zu kommunizieren. An dieser Stelle kann auch eine Vertiefung des Projektes
in Richtung Treiberentwicklung stattfinden, um die oben genannten Funktionen
auf dem Echtzeitbetriebssystem zu realisieren. Nach ausgiebiger Betrachtung

ihrer Möglichkeiten hatte sich das Projekt-Team für eine webbasierte Server-Client Architektur entschieden. Dies hatte den Vorteil, dass sich die Messdaten von jedem PC oder Laptop problemlos über einen Web-Browser abrufen lassen. Zudem wurde hierdurch gezeigt, in welchem Maß sich das Arbeiten mit dem HighTecBot über mehrere Disziplinen erstrecken kann. Neben der Entwicklung eines vollständigen Webservers auf dem Echtzeitbetriebssystem ist zudem die genaue Beachtung und Umsetzung des HTTP-Protokolls notwendig, damit auch jeder Browser korrekt mit dem Webserver kommunizieren kann. Durch das Eingebettete System ergeben sich gewisse Einschränkungen, mit denen sich die Studierenden bei ihrer Lösung auseinandersetzen mussten. Zur Organisation der Webseiten hatte das Team keine Möglichkeit, auf ein Filesystem zuzugreifen. Somit musste ein Konzept erarbeitet werden, um die Webseiten zur Laufzeit dynamisch generieren zu lassen. Dies wurde über ein Toolbox-System gelöst, das die gängigsten Funktionen zur Nutzung von (X)HTML, CSS-Stylesheets, JavaScript sowie AJAX zur Verfügung stellt. Mittels dieser Toolbox konnten bereits ansprechende Webseiten aufgebaut und übertragen werden. Eine weitere Hürde zeigte sich in der Abfrage der im Eingebetteten System zwischengespeicherten Sensorwerte. Dem Webserver mussten Funktionen bereitgestellt werden, die eine Abfrage dieser gemessenen Sensorwerte ermöglichen. Die Sensoren sind über serielle Schnittstellen an dem Board angeschlossen. Eine Treiber-Task musste entwickelt werden, um die Sensordaten von den Schnittstellen entgegen zu nehmen und sie an eine vorverarbeitende Instanz (Task) weiter zu reichen. Die größte Herausforderung bestand jedoch darin, die Sensordaten unter Einhaltung gewisser Zeitschranken korrekt und vollständig zu erfassen.

Die Lösung der vor allem am Anfang der Entwicklung auftretenden Probleme und Anforderungen hat die Studierenden sehr gefordert. Jedoch das schrittweise Lösen vieler Teilprobleme von der ersten erfolgreichen Kontaktaufnahme zwischen Browser und Server bis hin zum Übertragen ganzer Webseiten hat dem Team immer wieder neuen Antrieb gegeben, sich dem nächsten schwierig lösbaren Problem zu stellen. Dies ist ein gutes Beispiel, wie die praktische Anwendung die Arbeitsweise und Motivation der Studierenden fördert und sie auch nachhaltig im Laufe ihres Studiums davon profitieren.

7.2 Lichttaster

Eine immer wieder in der Robotik auftetende Problemstellung ist das Zusammenspiel zwischen Sensoren und Aktuatoren. Über die Sensorik erfasst der Roboter physikalische Eigenschaften seiner Umwelt, interpretiert diese und kann sich daraus ein Bild seiner Umgebung machen. Mittels dieser Informationen ist er in der Lage, Entscheidungen zu treffen, die seine weiteren Aktionen bestimmen. Bei mobilen Robotersystemen sind dies in der Regel Aktionen, die durch seine Motoren ausgeführt werden, zum Beispiel um sich weiter fortbewegen zu können. Gerade hier ist es wichtig, das zeitlich eng gekoppelte Zusammenspiel zwischen den Sensoren und Motoren so exakt wie möglich umzusetzen.

Die Studierenden wurden vor die Aufgabe gestellt, den Roboter mit Sensoren auszustatten, die eine schnelle Erkennung von Hindernissen ermöglichen. Der

HighTecBot sollte anschließend autonom durch ein unbekanntes Terrain navigieren. Als Sensoren waren Lichttaster vorgesehen, die ein Objekt innerhalb ihres Erkennungsbereiches signalisieren. Sobald diese ein Hindernis detektieren, muss der Roboter die Richtung bestimmen, in der es aufgetreten ist und Entscheidungen zum Ausweichen treffen. Neben der Programmierung bestand zudem die Aufgabe der technischen Integration der Sensoren. Hierbei mussten sich die Studierenden mit den technischen Spezifikationen des Boards, der Sensoren sowie ihrer Energieversorgung beschäftigen. Der Bau einer Konverterplatine war dafür unumgänglich. Die Ausgangssignale der Sensoren mussten so angepasst werden, dass das Board nicht durch zu hohe Spannungen oder Ströme beschädigt wird. Hier zeigt sich der enge Bezug zur Elektrotechnik. Da der Erkennungsbereich der Sensoren lediglich punktförmig ist, war eine genaue Planung ihrer Montageposition notwendig, um einen möglichst großen Bereich um den HighTecBot herum abzudecken. Zudem war die Größe des Erkennungsbereiches einzustellen, um Hindernisse nicht zu spät zu erkennen und genügend Raum zum Ausweichen zu haben. Die Systemarchitektur sieht eine getrennte parallele Verarbeitung der Sensordaten und Ansteuerung der Motoren vor. Damit verbunden war die Behandlung von Problemen wie dem wechselseitigen Zugriff oder Priorisierung einzelner Tasks.

8 Fazit

Dass der HighTecBot für viele Teilgebiete der Informatik-Lehre eine große Bereicherung ist hat sich in der Durchführung der studentischen Projekte gezeigt. Die aus der praktischen Einsetzbarkeit resultierende Motivation erleichtert die Vermittlung auch komplexer Inhalte. Dies hat sich bereits im Laufe der Konzeption und Entwicklung des HighTecBot-Systems gezeigt. Große Teile des HighTecBots sind im Rahmen von studentischen Arbeiten, Studien- und Abschlussarbeiten entstanden und werden ständig weiterentwickelt.

Literaturverzeichnis

1. U. Petersen, J. Börding, J. Winzer, Fraunhofer-Institut für Intelligente Analyse- und Informationssysteme: Roboter-Baukastensystem Profibot. Verlag Dr. Paul Christiani GmbH und Co.KG. Konstanz, 2008
2. H. Lehser: PXROS-HR - das Sicherheits-Framework für Embedded Systeme, GI/ITG-Fachgruppentreffen Betriebssysteme Wiesbaden, März 2008.
3. HighTec EDV-Systeme GmbH: PXROS User's Guide Version 1.2 und HighTec GNU Toolchain for TriCore Quickstart, Version 1.2. Saarbrücken 2008
4. HighTec EDV-Systeme GmbH: PXROS-HR Tutorial. Saarbrücken, 2008.
5. R. Strothmann, HighTec EDV-Systeme GmbH: Motoren als Aktoren und Sensoren Anwendung von VirtuHall. DESIGN&ELEKTRONIK Entwicklerforum Kfz-Elektronik, Ludwigsburg, 2007.
6. B. Behringer, M. Lehser, E. Wagner: Webinterface für ein Embedded System zur Messdaten-Erfassung. Forschungsbericht HTW, Saarbrücken, 2008.
7. B. Behringer, E. Wagner: Echtzeitprogrammierung von Eingebetteten Systemen. Projektausarbeitung, Saarbrücken, 2008.

Einsatz einer Echtzeit-Publish/Subscribe-Kommunikation für die Teleoperation mobiler Roboter

Timo Lindhorst, André Herms, Michael Schulze

Otto-von-Guericke-Universität Magdeburg
Institut für Verteilte Systeme
Timo.Lindhorst@st.ovgu.de, {aherms,mschulze}@ovgu.de

Zusammenfassung. In der Telerobotik werden mobile Roboter über ein Kommunikationsnetz durch einen Operator ferngesteuert. Um interaktiv zu operieren, müssen Daten in beide Richtungen in Echtzeit kommuniziert werden. Zusätzlich ist eine hohe Ausfallsicherheit des Systems zu gewährleisten. Diese Arbeit beschreibt die Umsetzung eines solchen Szenarios unter Verwendung einer Echtzeit-Publish/Subscribe-Kommunikation. Ein drahtloses Mesh-Netzwerk erfüllt durch redundante Verbindungen die Anforderungen an die Kommunikation. Eine Publish/Subscribe-Middleware ermöglicht eine inhaltsbasierte Kommunikation und erlaubt dadurch eine hohe Flexibilität der Teilnehmer. Durch die modulare Software-Architektur der Applikationen entsteht ein verteiltes System, in dem mobile Roboter durch netzwerktransparente Kommunikation gesteuert werden.

1 Einleitung

Mobile Roboter kommen bereits in zahlreichen Anwendungsgebieten zum Einsatz. Industriell werden sie z. B. in der Logistik als Transportsystem verwendet, aber auch im militärischen Bereich oder im Katastropheneinsatz eröffnen sich diverse Anwendungsszenarien.

Die Mobilität der Roboter erfordert zum Datenaustausch zwingend eine drahtlose Kommunikation. Je nach Anwendung werden unterschiedliche Anforderungen an die Datenübertragung gestellt. Zum einen ist eine Fernsteuerung denkbar, so dass der Roboter über ein Netz Steuersignale empfängt und entsprechend umsetzt. Zum anderen sendet der Roboter seinerseits Informationen an andere Teilnehmer im Netz. Denkbar ist beispielsweise die Übertragung des Videobildes einer auf dem Roboter angebrachten Kamera, um so eine Fernsteuerung über Sichtgrenzen hinweg zu ermöglichen. Darüber hinaus ist auch die Übermittlung verschiedener Sensordaten sinnvoll.

Die genannten Beispielanwendungen stellen Echtzeitanforderungen an das Kommunikationssystem. Eine unterbrechungsfreie Datenübertragung muss gewährleistet sein. Dabei ist zu beachten, dass der Roboter auf Grund seiner Mobilität während der Übertragung Empfangsbereiche verlässt und neue erschließt.

Das Kommunikationsnetz muss eine hohe Ausfallsicherheit aufweisen. Um Flexibilität zu gewährleisten, sollte der Aufwand zur Integration weiterer Teilnehmer im Netz möglichst gering sein.

Das in dieser Arbeit beschriebene System wird den genannten Anforderungen gerecht, indem es einerseits ein drahtloses Mesh-Netzwerk für die Datenübertragung verwendet und andererseits eine inhaltsbasierte Kommunikation nach dem Publish/Subscribe-Verfahren einsetzt. Neben den Echtzeitanforderungen, die eine Steuerung bedingt, steht eine hohe Flexibilität des Systems im Vordergrund.

Im folgenden Abschnitt 2 wird zunächst das Szenario beschrieben und damit die Anforderungen an das System definiert. Abschnitt 3 beschreibt die Softwarearchitektur im Detail. Abschließend wird in Abschnitt 4 ein Fazit gezogen und herausgestellt, inwieweit die Umsetzung des Systems den Anforderungen gerecht wird.

2   Szenario

Ein mobiler Roboter wird durch Teleoperation über größere Entfernungen hinweg gesteuert. Dabei sind der Operator und der Roboter über ein Kommunikationsnetz miteinander verbunden. Über das Netz werden zum einen Steuersignale vom Operator zum Roboter gesendet, zum anderen erfordert eine interaktive Steuerung, dass dem Operator Informationen vom Roboter übermittelt werden, z. B. ein Kamerabild oder Sensorwerte.

Das Szenario stellt verschiedene Anforderungen an die Kommunikation. Die Mobilität des Roboters erfordert eine drahtlose Datenübertragung. Um eine durchgängige Kommunikation zwischen Operator und Roboter zu ermöglichen, muss das gesamte Operationsgebiet durch das Netz abgedeckt sein. Des Weiteren stellt die interaktive Steuerung des Roboters Echtzeitanforderungen an die Kommunikation. Da drahtlose Kommunikation störanfällig ist, beziehen wir uns auf weiche Echtzeit: Die Daten werden im Allgemeinen mit geringen Latenzen übertragen, dennoch muss das System auch mit Verzögerungen umgehen können. Der Roboter muss beispielsweise beim Ausbleiben von Steuerkommandos in einen sichern Zustand wechseln.

Um eine hohe Ausfallsicherheit zu gewährleisten, bedarf es redundanter Kommunikationspfade zwischen Operator und Roboter. Da auch der Operator oder der Roboter ausfallen kann, besteht als weiterer Anspruch eine hohe Flexibilität und einfache Konfigurierbarkeit des Systems. Ein neuer Roboter sollte ohne zusätzlichen Aufwand von einem beliebigen Operator im Netz gesteuert werden können.

Im Folgenden werden der Roboter und die Umgebung vorgestellt, in der das beschriebene Szenario umgesetzt ist.

2.1   Roboter

Bei dem zu steuernden mobilen Roboter (s. Abbildung 1) handelt es sich um einen VolksBot [1], ein modulares Prototypen Robotersystem des Fraunhofer

Abb. 1. VolksBot

Instituts für Intelligente Analyse- und Informationssysteme (IAIS). Als zentrale Steuereinheit dient ein auf dem Roboter platziertes Notebook, das über USB und verschiedene Konverter mit den verfügbaren Komponenten (Sensoren und Aktoren) verbunden ist. Die Erweiterung des Roboters um weitere Komponenten ist daher problemlos möglich.

Das Fahrwerk besteht aus einem Differentialantrieb und zwei frei beweglichen Stützrädern. Die Steuerung übernimmt ein Motor-Controller. Auf diese Weise ist die Regelung des Antriebs isoliert von anderen Prozessen.

Mit acht gleichmäßig um den Rumpf des Roboters angeordneten Ultraschallsensoren kann die Umgebung nach Hindernissen abgesucht werden. Durch einen Liniensensor in der Bodenplatte des Roboters ist es möglich, eine kontrastreiche Spur auf dem Boden zu erkennen. Des Weiteren sind zwei Kameras und ein Greifarm vorhanden.

Die Kommunikation des Roboters mit seiner Umwelt ist über die WLAN-Schnittstelle des Notebooks möglich. Sie unterstützt die gängigen Standards nach IEEE 802.11 und ermöglicht somit die Einbindung des Roboters in ein drahtloses Netzwerk.

2.2 Umgebung

Die Steuerung des Roboters erfolgt innerhalb einer Etage unseres Gebäudes (s. Abbildung 3). Dies bedingt, dass die gesamte Etage durch ein drahtloses Netz abgedeckt ist. In verschiedenen Räumen sind Linux-Workstations und Access Points (APs) verteilt, die dieses gemeinsame Netz bilden. Das auf den APs laufende Linux-System kann in der Funktionalität angepasst werden.

Jede Workstation ist als Operator einsetzbar. Außerdem müssen Roboter im Netz bei ihrer Aktivierung ohne vorherige Konfiguration sofort von einem Operator steuerbar sein. Informationen der Roboter (Kamerabilder oder Sensorwerte) können neben dem Operator auch von beliebigen weiteren Rechnern im Netz empfangen werden. Die überwachenden Stationen benötigen keine Kenntnis über derzeit aktive Roboter. Aktuelle sensorische Informationen der Roboter stehen zur Verfügung, ohne dass eine direkte Anfrage an die einzelnen Roboter gerichtet werden muss.

Darüber hinaus soll eine synchrone Steuerung mehrerer Roboter möglich sein. Das bedeutet, dass Steuersignale vom Operator an alle im Netz verfügbaren Roboter gesendet werden, ohne dass der Operator Kenntnisse darüber hat, welche Roboter derzeit im Netz vorhanden sind.

3   Software-Architektur

Die Softwarearchitektur des Systems ist in Abbildung 2 schematisch dargestellt. Die einzelnen Schichten werden im Folgenden erläutert.

Wie bereits in Abschnitt 2 beschrieben, stellt die Steuerung eines Roboters über ein Netz Echtzeitanforderungen an die Datenübertragung. Darüber hinaus erfordert die Mobilität eine erhöhte Flexibilität des Netzes. In den Abschnitten 3.2 und 3.3 wird erläutert, wie diese Anforderungen durch drahtlose Mesh-Netzwerke und inhaltsbasierte Adressierung erfüllt werden. Die für diesen Zweck verwendeten Systeme, AWDS und COSMIC, werden vorgestellt. Abschnitt 3.4 beschreibt die modulare Applikationsschicht, die auf GEA, einer Plugin-Architektur mit zentraler Ereignisverarbeitung, aufsetzt und COSMIC als Kommunikationssystem nutzt. Schließlich wird in Abschnitt 3.5 gezeigt, wie durch Komposition verschiedener Module unterschiedliche Applikationen entstehen.

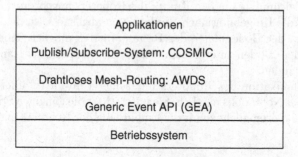

Abb. 2. Software-Architektur der Robotersteuerung

3.1   Generic Event API

Der modulare Aufbau der Roboter-Hardware legt einen ebenfalls modularen Aufbau der Software nahe (s. a. Abschnitt 3.4). GEA (Generic Event API, [2]) bietet eine zentrale Ereignisverarbeitung und damit eine Sequentialisierung der nebenläufigen Vorgänge. Als Plugin-Architektur ermöglicht GEA, einzelne Module zur Laufzeit nachzuladen und unterstützt damit die Modularität der Applikation. Darüber hinaus basiert auch das im folgenden Abschnitt beschriebene Mesh-Routing Protokoll AWDS auf GEA.

3.2   Drahtloses Mesh-Netzwerk

Das in Abschnitt 2 beschriebene Szenario stellt diverse Anforderungen an die drahtlose Kommunikation. Zunächst ist ein großes Gebiet abzudecken. Dabei soll das Netz möglichst flexibel aufgebaut sein. Die Steuerung eines Roboters erfordert weiterhin Echtzeitfähigkeit und eine hohe Ausfallsicherheit.

Diesen Anforderungen werden drahtlose Mesh-Netzwerke gerecht. Im Gegensatz zu herkömmlichen Infrastruktur-Netzen werden gleichzeitig Verbindungen zu allen erreichbaren Stationen aufgebaut. Auf diese Weise entfallen zeitaufwendige Roaming-Prozesse beim Durchqueren verschiedener Funkzellen. Durch die redundanten Verbindungen innerhalb des Netzes wird eine erhöhte Echtzeitfähigkeit und Ausfallsicherheit erreicht. Darüber hinaus ermöglicht die Selbstorganisation drahtloser Mesh-Netze eine einfache, kostengünstige und flexible Erweiterung der Netzabdeckung.

Für unsere Arbeit verwenden wir AWDS (**A**d-Hoc **W**ireless **D**istribution **S**ervice, [3]), um ein drahtloses Mesh-Netz aufzubauen. Bei AWDS handelt es sich um eine Open-Source Implementierung eines proaktiven Link-State-Routings auf der Sicherungsschicht.

Um die in Abschnitt 2.2 beschriebene Abdeckung der Umgebung zu erreichen, kann AWDS sowohl auf den Workstations als auch auf den APs ausgeführt werden. Mit der Anzahl der Stationen steigt die Zahl der möglichen Verbindungen und damit die Ausfallsicherheit.

Schließlich wird auch der Roboter über AWDS in das Netz integriert. Die sich daraus ergebende Topologie ist in Abbildung 3 dargestellt. Bei den Knoten d41x handelt es sich um mobile Roboter, die anderen Knoten sind Workstations oder APs. AWDS unterscheidet die verschiedenen Stationen dabei nicht in ihrer Funktionalität. Alle Stationen können Daten senden, empfangen und weiterleiten.

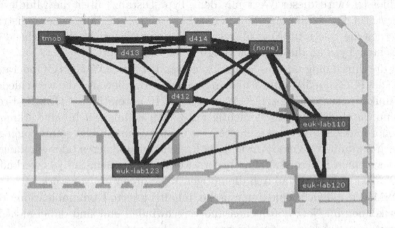

Abb. 3. Topologie des Mesh-Netzes

AWDS ermöglicht eine drahtlose Kommunikation, die mobile Teilnehmer erlaubt und durch redundante Verbindungen sicherstellt, dass auch bei ausgefallenen Stationen oder beim Verlassen eines Empfangsbereichs die Datenübertragung nicht unterbrochen wird. Dies ermöglicht die Echtzeit-Steuerung eines mobilen Roboters. Durch Selbstorganisation wird ein hohes Maß an Dynamik innerhalb des Netzwerkes erreicht.

3.3   Inhaltsbasierte Kommunikation

Unser Szenario fordert eine hohe Flexibilität, damit sowohl Roboter als auch der Operator ohne zusätzlichen Konfigurationsaufwand ausgetauscht werden können. Müssen beim Datenaustausch die Kommunikationspartner direkt adressiert werden, wird die Flexibilität eingeschränkt. Soll beispielsweise eine Überwachungseinheit die Sensoren der aktiven Roboter überwachen, so muss zunächst bekannt sein, welche Roboter verfügbar sind. Diese müssen adressiert werden, um die Werte abfragen zu können. Wird ein weiterer Roboter aktiviert, so müsste die Überwachungseinheit darüber informiert werden, um auch diesen Roboter zu berücksichtigen. Der Roboter selbst hat aber keine Kenntnis über die Überwachungseinheit und kann sie demnach nicht benachrichtigen.

Im Allgemeinen ist aber der Inhalt der Daten von Bedeutung und nicht der Kommunikationspartner, von dem diese Daten bezogen werden. Bei einer inhaltsbasierten Kommunikation nach dem Publish/Subscribe-Verfahren werden daher Inhalte statt Stationen adressiert. Die Kommunikationsteilnehmer sind durch eine Middleware entkoppelt, welche sicher stellt, dass Daten eines bestimmten Typs an die entsprechenden Interessenten weitergeleitet werden.

Eine Kommunikation nach dem o. g. Beispiel läuft demnach wie folgt ab: Die Überwachungseinheit meldet sich bei der Middleware als Subscriber für Daten vom Typ „Distanz" an. Wird von einem Distanz-Sensor am Roboter eine Messung abgeschlossen, wird dieser Wert mit dem Typ „Distanz" über die Middleware publiziert. Da die Middleware die Überwachungseinheit als Subscriber registriert hat, werden die Daten im Netz übertragen und eine Nachricht entsprechend des gewünschten Typs an die Überwachungseinheit ausgeliefert.

Für die Umsetzung unseres Szenarios verwenden wir COSMIC (**CO**operating **SM**art dev**IC**es, [4, 5]), eine Publish/Subscribe-Middleware, die verschiedene Kommunikationsnetze, wie z. B. CAN und TCP/IP unterstützt. COSMIC-Ereignisse sind durch ein Subjekt eindeutig mit einem definierten Inhalt verknüpft. Diese Zuordnung ist über das gesamte Netz eindeutig und bildet somit einen globalen Adressraum. Will eine Anwendung Ereignisse publizieren oder empfangen, so muss sie einen Ereigniskanal anfordern welcher mit einem Subjekt verknüpft ist. COSMIC reserviert dadurch die nötigen Ressourcen im Netzwerk.

COSMIC ermöglicht eine dynamische, inhaltsbasierte Kommunikation. Teilnehmer können im Netz auftauchen und verschwinden und sind dabei nicht auf die Kenntnis von Adressen angewiesen, um zu kommunizieren.

Durch die Erweiterung von COSMIC um die Unterstützung von AWDS als zusätzliches Kommunikationsmedium [6,7], vereint man die Vorteile beider Systeme und erreicht so eine drahtlose, flexible Infrastruktur zur Kommunikation zwischen stationären und mobilen Teilnehmern.

3.4 Applikationsschicht

Auf Grund des modularen Aufbaus des Roboters ist auch die Software modular aufgebaut, um die Erweiterung um zusätzliche Komponenten zu ermöglichen. Für jeden Sonsortyp und jeden Aktor wird ein Modul erstellt. Darüber hinaus gibt es verschiedene Module, die eine Regelung mit Hilfe der Sensor/Aktor-Module umsetzen. Weitere Module ermöglichen die Fernsteuerung des Roboters und die Verbreitung verschiedener Sensorwerte über ein Netz.

Durch GEA (vgl. Abschnitt 3.1) ist es möglich, verschiedene Module zu laden. Abhängig von der Wahl der Module ergibt sich eine bestimmte Funktionalität der Applikation. Das kann zum einen eine Applikation sein, die auf dem Roboter die Steuerung übernimmt, zum anderen wird auch die Operator-Applikation zur Fernsteuerung des Roboters durch eine entsprechende Modul-Komposition gebildet. Die Module und ihre Abhängigkeiten untereinander werden in Abbildung 4 dargestellt und im Folgenden näher erläutert.

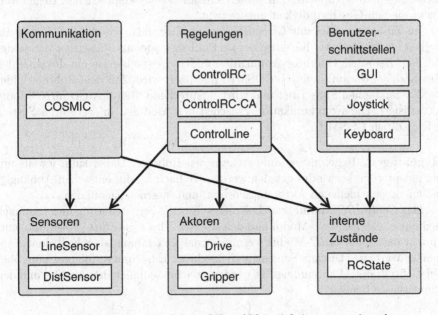

Abb. 4. Applikationsmodule und ihre Abhängigkeiten untereinander

Sensoren. Für jeden Sensortyp ist ein eigenes Modul vorhanden. Es können beliebige *Sensor*-Module parallel geladen werden. Die Werte der Sensoren können von anderen Modulen über eine definierte Schnittstelle abgefragt werden. Ist

COSMIC als Kommunikationsmodul geladen, werden die Werte darüber hinaus im Netz publiziert.

Das *LineSensor*-Modul überwacht den Liniensensor. Das *DistSensor*-Modul löst periodisch Messvorgänge bei den Distanzsensoren aus und fragt die Messwerte ab. Dabei wird berücksichtigt, dass sich die einzelnen Sensoren bei der Messung nicht beeinflussen.

Aktoren. Die verschiedenen Aktoren des Roboters werden über unterschiedliche Module mit definierten Schnittstellen steuerbar. *Aktor*-Module beeinflussen sich untereinander nicht und können demnach parallel geladen werden. Das *Drive*-Modul steuert den Antrieb, das *Gripper*-Modul den Greifarm.

Interne Zustände. Interne Zustände werden eingeführt, um beispielsweise Kommandos einer Fernsteuerung nicht direkt auf den Aktoren oder der Steuerung umzusetzen, sondern lediglich einen bestimmten Soll-Zustand für die Regelung zur Verfügung zu stellen.

Das *RCState*-Modul verwaltet beispielsweise die durch die Fernsteuerung vorgegebene Soll-Geschwindigkeit der einzelnen Räder. Das bedeutet, eine Fernsteuerung ändert zunächst nur diesen Zustand. Der entsprechende Regler versucht die Soll-Geschwindigkeit umzusetzen.

Im Zusammenspiel mit COSMIC können Zustände, wie die Soll-Geschwindigkeit im *RCState*-Modul, entweder als Publisher oder als Subscriber betrachtet werden. Bei einer Operator-Applikation ändert beispielsweise ein Joystick den Zustand, der daraufhin durch COSMIC publiziert wird. Auf dem Roboter bildet der Zustand einen Subscriber und wird entsprechend über das *COSMIC*-Modul aktualisiert. Die Kommunikation zwischen den Modulen im verteilten System erfolgt durch COSMIC.

Regelungen. Regelungsmodule steuern den Roboter. Dabei kann jeweils nur ein entsprechendes Modul geladen werden. Je nach Modul entstehen Abhängigkeiten zu verschiedenen Aktoren, Sensoren und internen Zuständen.

Das *ControlRC*-Modul setzt beispielsweise eine Fernsteuerung um. Demnach bedingt es das *RCState*-Modul und den Antrieb. Das *ControlRC-CA*-Modul entspricht dem *ControlRC*-Modul, vermeidet darüber hinaus aber Kollisionen, indem es Werte des Distanz-Sensors berücksichtigt. Eine Spurverfolgung kann über ein *ControlLine*-Modul umgesetzt werden, welches lediglich den Antrieb und den Liniensensor benötigt.

Benutzerschnittstellen. Zur Teleoperation des Roboters stehen verschiedene Benutzerschnittstellen zur Verfügung. Das *Joystick*- und das *Keyboard*-Modul ermöglichen eine Steuerung über einen Joystick oder die Tastatur. Bei einer Fernsteuerung werden die Kommandos mittels COSMIC über einen internen Zustand publiziert. Zur Visualisierung der Sensorwerte existiert ein *GUI*-Modul, welches über COSMIC als Subscriber an die entsprechenden Werte gelangt (s. Abbildung 5).

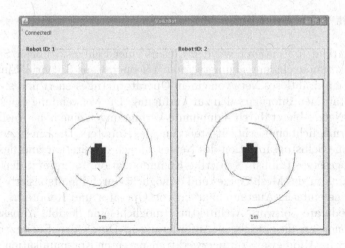

Abb. 5. Visualisierung der Distanz-Werte

Kommunikation. Das *COSMIC*-Modul realisiert die in Abschnitt 3.3 beschriebene Publish/Subscribe-Kommunikation. Ist das Modul geladen, so werden die verfügbaren Sensorwerte publiziert und die Subscriber erhalten die angeforderten Daten. Die Middleware verbindet auf diese Weise ein verteiltes System, indem sie das Kommunikationsnetz vor den Modulen verbirgt.

3.5 Beispielapplikationen

Durch verschiedene Kompositionen der verfügbaren Module können unterschiedliche Applikationen gebildet werden. Durch die Publish/Subscribe-Middleware können die Module netzwerktransparent kommunizieren. Ein Steuermodul (z. B. für den Joystick) sowohl direkt auf dem Roboter als auch auf einem Operator ausgeführt werden, wobei die Kommandos durch das *COSMIC*-Modul zum Roboter übertragen werden.

Soll der Roboter über einen direkt angeschlossenen Joystick gesteuert werden, so wird in der Minimalkonfiguration nur das *Joystick-*, das *Drive-*, das *RCState-*, und das *ControlRC*-Modul benötigt.

Soll der Roboter per Teleoperation über das Mesh-Netz gesteuert werden, entsteht die entsprechende Applikation, indem neben dem *Drive-*, *ControlRC-* und dem *RCState*-Modul das *COSMIC*-Modul geladen wird. Das *RCState*-Modul ist in diesem Fall ein Subscriber und erhält über COSMIC die Steuerkommandos. Die Operator-Applikation, die auf einer Workstation läuft, um den Roboter zu steuern, besteht aus dem *Joystick-*, dem *RCState-* und dem *COSMIC*-Modul. Dabei werden Zustandsänderungen des *RCState*-Moduls über COSMIC publiziert. Sollen auf einer Workstation lediglich die Sensorwerte überwacht werden, so genügt das Laden des *GUI-* und des *COSMIC*-Moduls.

4   Fazit und Ausblick

In dieser Arbeit präsentieren wir den Einsatz einer Echtzeit-Publish/Subscribe-Kommunikation in einem real umgesetzten Teleoperations-Szenario. Ein Roboter wird über ein drahtloses Netz von einem Operator ferngesteuert und stellt dabei anderen Stationen Informationen zur Verfügung. Die Verwendung eines drahtlosen Mesh-Netzes bietet durch redundante Verbindungen eine hohe Ausfallsicherheit und ermöglicht eine Echtzeit-Steuerung des Roboters. Die Einsatzumgebung ist durch die Selbstorganisation des Netzes einfach erweiterbar und flexibel.

Die eingesetzte Publish/Subscribe-Kommunikation unterstützt den dynamischen Charakter des Mesh-Netzes und ermöglicht durch inhaltsbasierte Kommunikation eine einfache Austauschbarkeit von Operator und Robotern.

Die modulare Software-Architektur ermöglicht eine flexible Anpassung der Applikationen an die jeweiligen Anforderungen. Durch den Einsatz der Publish/Subscribe-Middleware zur netzwerktransparenten Kommunikation zwischen den Modulen entsteht ein verteiltes System zur Teleoperation mobiler Roboter.

Gegenwärtig bestehen noch offene Fragestellungen bei der rechtzeitigen Erkennung von Verbindungsabbrüchen. Diese lassen sich nicht optimal in der Routingschicht feststellen. Daher konzentrieren sich die weiteren Arbeiten auf dieses Problem, welches durch einen schichtübergreifenden Ansatz gelöst werden soll. Dabei lösen Ereignisse in der Sicherungsschicht Reaktionen in den höheren Schichten des Protokollstapels aus. Hierdurch ist es möglich rechtzeitig alternative Routen festzulegen.

Literaturverzeichnis

1. VolksBot Homepage, 2008. online, http://www.volksbot.de/
2. A. Herms und D. Mahrenholz: *Unified Development and Deployment of Network Protocols*. Proceedings of Meshnets, Budapest, Hungary, 2005
3. AWDS Projekt Homepage, 2008. online, http://awds.berlios.de
4. J. Kaiser und C. Brudna: *A Publisher/Subscriber Architecture Supporting Interoperability of the CAN-Bus and the Internet*. In 2002 IEEE International Workshop on Factory Communication Systems, Väesteras, Schweden, 2002.
5. M. Schulze und S. Zug: *Using COSMIC – A real world case study combining virtual and real sensors*. In Proceedings of the 5th Minema Workshop on Middleware for Network Eccentric and Mobile Applications, Magdeburg, Germany, 2007.
6. A. Herms und M. Schulze: *Publish/Subscribe Middleware für Selbstorganisierende Drahtlose Multi-Hop-Netzwerke*. Workshop über Selbstorganisierende, Adaptive, Kontextsensitive verteilte Systeme, Wiesbaden, Germany, 2008
7. A. Herms, M. Schulze, J. Kaiser und E. Nett: *Exploiting Publish/Subscribe Communication in Wireless Mesh Networks for Industrial Scenarios*. In Proceedings of the 13th. IEEE Internatinal Conference on Emerging Technologies and Factory Automation (ETFA), Hamburg, Germany, September 2008

Improving IEEE 802.15.4 for Low-Latency Energy-Efficient Industrial Applications

Feng Chen

Computer Networks and Communication Systems
Dept. of Computer Sciences
University of Erlangen-Nuremberg, 91058 Erlangen
feng.chen@informatik.uni-erlangen.de

Abstract. The IEEE 802.15.4 standard for LR-WPANs is becoming a de-facto standard for Wireless Sensor Networks (WSNs) applications in industrial fields. In this paper, we evaluate the latency performance of the IEEE 802.15.4 protocol based on a typical industrial scenario: a star network with 20 devices that send short messages (1 Byte) to the PAN coordinator. We analyzed the behavior of the GTS mechanism in the standard analytically. The results reveal essential limitations of the standard for low-latency applications in automation environments. According to our findings, we propose an enhanced protocol version that fully supports industry demands on low-latency communication. Our protocol version uses the original physical layer and, thus, can be implemented conveniently using cheap IEEE 802.15.4 hardware. The analytical results prove that we are able to meet the guaranteed low latency of 10 ms as specified by typical automation environments.

1 Introduction

Wireless Personal Area Network (WPAN) technology, which supports short-range, low-cost and energy-efficiency networking, is widely used as a base for Wireless Sensor Networks (WSNs). Their ease of deployment and the widespread use makes WSNs also attractive for a number of commercial, especially industrial applications. For example, the department "Automation and Drives, A&D" of Siemens AG is currently evaluating wireless technology in the field of industrial automation. In the domain of WSNs, a number of Medium Access Control (MAC) protocols, for example, Sensor MAC (S-MAC) [7], have been proposed. However, these MAC protocols have not yet made their way into commercial applications. In contrast, the IEEE 802.15.4 standard [2] has been developed and is accepted by industrial users. It provides specifications for the Physical Layer (PHY) and Medium Access Control (MAC) sublayer for the use in LR-WPANs. Products that implement this standard are commercially available at an acceptable low cost.

In this paper, we study the applicability of LR-WPAN techniques in industrial control applications. As energy consumption is not the most critical parameter, our objective here is to evaluate the latency performance of the

IEEE 802.15.4 protocol relevant to the intented real-time application scenario. We show that the protocol specification does not fulfill industry demands for low-latency transmission. Therefore, we propose modifications of the standard to circumvent these limitations.

The contributions of this paper can be summarized as follows. Based on a specific application scenario as required in industrial applications as depicted in Section 1.1, we deeply analyze the IEEE 802.15.4 protocol with primary focus on low-latency data transmission. This evaluation is performed using analytical methods (see Section 3). We identify the protocol-inherent limitations that prevent its use in delay sensitive industrial applications and propose selected protocol modifications that allow to still use off-the-shelf hardware. The modifications including an appropriate analysis are depicted in Section 4.

1.1   An Industrial Case Study

The typical application scenario for automation environments to be studied in this paper is described as follows. The numbers in brackets are examples from typical automation projects of Siemens AG. A number of sensor nodes ($n = 20$) are scattered within an area and associated to a central node to form a star network, which is continuously monitoring industrial processes. Once a certain device detects that particular sensor readings exceed a predefined threshold, a short alarm message (1 Byte) must be sent by the device to the central node within a given time frame (guaranteed low latency $d_{GUA} < 10$ ms). Such a time limit is a hard real-time requirement, thus, the network needs to be able to handle also the worst case, when all devices generate alarm signals at the exactly same time. In addition, to prolong the lifetime of the monitoring sensor network, all the devices need to enter a sleeping mode if no critical events are detected.

1.2   Related Work

Recently, a number of papers have been published on performance analysis of IEEE 802.15.4 networks [6,8]. Nevertheless, most of this work focuses on typical WSN applications rather than industrial automation domains.

In [3], Kim et al. proposed priority-based scheme comprising *Frame Tailoring* (FRT) and *Priority Toning* (PRT) to reduce latency in event-monitoring IEEE 802.15.4 networks. However, these methods are contention-based, which still cannot provide guaranteed latency bounds. In [4], the delay bounds guaranteed by the IEEE 802.15.4 GTS allocations have been analyzed for real-time WSNs using the analytical Network Calculus formalism. Based on this analysis, the authors pointed out the limitations of the explicit GTS allocation in IEEE 802.15.4 and proposed an *implicit GTS Allocation Mechanism* (i-GAME) [5]. However, the new approach improves the bandwidth utilization of the original GTS mechanism at the cost of increasing guaranteed delay bounds, which is not applicable for industrial applications with very strict real-time requirements.

2   Overview of IEEE 802.15.4

In this section, a brief overview to the IEEE 802.15.4 protocol is provided. For a more detailed description of the protocol, the reader is recommended to refer to the protocol standard documents [2] and to [1].

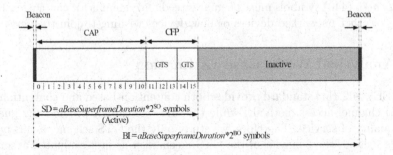

Fig. 1. IEEE 802.15.4 superframe structure

The IEEE 802.15.4 WPAN standard supports two network topologies, a star and a peer-to-peer topology. In this work, we consider only star networks, in which the communication occurs only between end devices and the PAN coordinator. In order to synchronize the communication at MAC layer, the IEEE 802.15.4 PAN can optionally operate in the so called *beacon-enabled* mode. In this case, a superframe structure is used as shown in Fig. 1. Each *superframe* is bounded by periodically transmitted beacon frames and consists of two parts, an active portion and an inactive portion. In order to save energy, nodes may enter a low-power (sleep) mode during the inactive portion. The superframe structure is specified by the values of two MAC attributes: the *macBeaconOrder* (BO) and the *macSuperframeOrder* (SO), both of which determine the length of the beacon interval (BI) and the length of the active portion of the superframe (SD), respectively. The relation of BO to BI and the relation of SO to SD are shown in Fig. 1. The *aBaseSuperframeDuration* equals to 960 symbols. PANs that wish to use this superframe structure (referred to as a beacon-enabled PANs), shall set BO to a value between 0 and 14 and SO to a value between 0 and the value of BO, resulting in the range of BI and SD between 15.36 ms and 251.7 s at the 2.4 GHz band. If BO=15, PANs operate in a so-called *nonbeacon-enabled* mode without using the superframe structure.

The active portion of the superframe shall be divided into 16 equally spaced *superframe slots*. The duration of one superframe slot is calculated by $2^{SO} \times$ *aBaseSlotDuration*, where the default value of *aBaseSlotDuration* is 60 symbols. There are three parts in the active portion: a beacon, a Contention Access Period (CAP), and a Contention-Free Period (CFP). In the CAP, all data transmissions shall follow a successful execution of a slotted CSMA-CA algorithm.

For low-latency applications, the PAN coordinator may dedicate portions of the active superframe to that application, which are called guaranteed time slots

(GTSs). They allow the channel access in TDMA-like fashion. The GTSs are located between the CAP and the inactive portion to form the Contention-Free Period, as shown in Fig. 1. The PAN coordinator may allocate a maximum of seven GTSs at the same time, and one GTS may occupy more than one superframe slot. The CFP containing all allocated GTSs shall grow or shrink dynamically within the active portion. However, a minimum length of the CAP with *aMin-CAPLength* (440) symbols must be guaranteed and remains for contention-based access of other networked devices or new devices wishing to join the network.

3 Analytical Worst Case Estimation

The IEEE 802.15.4 standard provides both contention-based and contention-free (GTS) channel access methods, while the first one cannot provide any guaranteed quality of service. Therefore, we study only the GTS scheme in this paper. In this section, the behavior of the GTS mechanism is first evaluated according to the protocol standard of a maximum of seven GTSs. The calculation results reveal several limitations in the original GTS mechanism and motivated us to remove those constraints. The consequent recalculations show the need for further improvements in the standard.

3.1 Standard Protocol Behavior

As shown in Fig. 1, a beacon interval (l_{BI}) consists of the following fields: a beacon (l_B), a SIFS (l_{SIFS}), the CAP (l_{CAP}), up to seven GTSs ($n \times l_{GTS}$), and the inactive portion (l_{SLP}). Each GTS is composed of an integer number of superframe slots ($n \times l_{SS}$) and should accommodate at least one complete transaction (l_{TR}), including one data transmission (l_D) and a SIFS (l_{SIFS}). Thus, the length of a beacon interval can be calculated as follows:

$$l_{BI} = l_B + l_{SIFS} + l_{CAP} + n \times l_{GTS} + l_{SLP} \tag{1}$$

For a certain scheme of GTS allocation, the guaranteed latency, which is measured by the maximum latency among all the GTS transmissions under all traffic conditions, can be estimated through analyzing the worst case. The worst case would happen in the network if a message is generated at a device during its own GTS slot. At this time, the device cannot transmit the message immediately and must buffer the message. The buffered message must wait for one beacon interval until the start of the corresponding GTS in the next superframe and needs a transaction period to get transmitted. Therefore, the guaranteed latency denoted as l_G under the worst case is bounded by the sum of one beacon interval and one transaction period, which is formulated as follows:

$$l_G = l_{BI} + l_{TR} \tag{2}$$

In the following, we consider a maximum of seven GTS allocations in a star network with seven devices and a PAN coordinator and calculate the minimum guaranteed latency for transmitting alarm messages with exactly one byte payload. Addressing information is not needed because only a specific device that own this GTS is allowed to send at this time. Since the energy consumption is not the main interest in this calculation, the BO is set equal to the SO to eliminate the inactive portion. According to (2), the beacon interval should be set as small as possible to achieve lower latency. On the other hand, the active portion, which is determined by SO, must be set long enough to accommodate seven GTSs in the CFP and maintain a minimum CAP length of 440 symbols, denoted as l_{minCAP}, according to the standard. Based on these rules, some duration values calculated according to the standard and listed in Table 1 are used to choose the minimum (BO,SO) combination.

Table 1. Duration Parameters

Symbol	Description	Value
l_B	length of beacon transmission	34 symbols
l_D	length of data transmission	40 symbols
l_{SIFS}	short interframe space	12 symbols
l_{TR}	length of one transaction	52 symbols

If both, BO and SO, are set to 0, l_{BI} is equal to 960 symbols. The resulting l_{SS} of 60 symbols is bigger than l_{TR}. Therefore, one GTS l_{GTS} is allocated with one superframe slot and equals to 60 symbols. According to (1) and the rule of minimum CAP, the minimum required beacon interval (l_{minBI}) can be calculated as follows:

$$l_{minBI} = l_B + l_{SIFS} + l_{minCAP} + 7 \times l_{GTS} = 906 \text{ symbols}$$

This calculated minimum length is smaller than the actual beacon interval of 960 symbols, which is obtained using the formula in Fig. 1 with BO equal to 0. Therefore, the setting of (BO,SO) to (0,0) can support seven GTS allocations. The guaranteed latency can be calculated according to (2) using l_{BI} with 960 symbols:

$$l_G = l_{BI} + l_{TR} = 1012 \text{ symbols} \Rightarrow d_G = l_G/(62.5 \text{ ksymbols/s}) = 16.2 \text{ ms}$$

16.2 ms is the smallest one that the standard protocol can achieve among all the settings. However, this result does not satisfy our requirement of 10 ms, when only seven devices are considered in the network.

3.2   Limitation Analysis

By evaluating the behavior of the standard protocol, we identified the following limitations for the GTS mechanism in IEEE 802.15.4:

Firstly, the constraint of *maximum seven GTSs* limits the number of devices involved in the GTS usage. A relatively short active period can even reduce this number. Once the capacity of GTS allocations is full, other devices desiring for GTS slots have to wait until some of the previously allocated GTSs have been released. The allocation and deallocation process will consume a considerable time, which would be intolerable for real-time applications. Secondly, the *minimum CAP length* (440 symbols) defined by the standard further restricts the available length of the CFP for GTS allocation and introduces an extra latency to GTS transmissions. Finally, one GTS can only consist of an integer number of superframe slots. The length of one superframe slot calculated by $2^{SO} \times aBaseSlotDuration$ grows exponentially with an increasing SO. This may lead to an inefficient bandwidth use, when the required bandwidth is much smaller than that the minimum GTS provides.

3.3   Removal of Limitations

In our first try, we ignore the restriction to seven GTSs per beacon interval. Additionally, the required minimum CAP and the optional inactive portion are removed, i.e. $l_{CAP} = l_{SLP} = 0$. Each GTS l_{GTS} is allocated with the standard-defined minimum length of 60 symbols, which has been set bigger than l_{TR} with 52 symbols to guarantee one complete transaction in the GTS. In this slightly improved protocol version, BI and SD are not determined by (BO,SO) combinations anymore. All other mechanisms including beaconing and the frame structure are kept.

Now we re-evaluate the latency performance of the improved GTS mechanism allowing the required number of 20 GTSs. The resulting beacon interval can be calculated as follows using (1), in which the l_{CAP} and the l_{SLP} are eliminated and n is set to 20.

$$l_{BI} = l_B + l_{SIFS} + 20 \times l_{GTS} = 1246 \text{ symbols}$$

The guaranteed latency can be calculated as follows:

$$l_G = l_{BI} + l_{TR} = 1298 \text{ symbols} \Rightarrow d_G = 20.77 \text{ ms}$$

which is bigger than 10 ms. Therefore, the further improvements are required. Since 20 GTSs with a total of 1200 symbols have contributed the majority of the beacon interval, we need to further reduce the length of each GTS. As described previously, each GTS has a limitation on the minimum allocation unit with a superframe slot. If we remove this constraint, each GTS can be allocated with an exact bandwidth for one complete transaction by setting l_{GTS} equal to l_{TR}. Thus, the guaranteed latency can be calculated as follows:

$$l_G = l_B + l_{SIFS} + n \times l_{TR} + l_{TR} \tag{3}$$

Thus, the maximum latency for $n = 20$ nodes is:

$$l_G = l_B + l_{SIFS} + 21 \times l_{TR} = 1138 \text{ symbols} \Rightarrow d_G = 18.21 \text{ ms}$$

The calculated latency is still too large. If looking at the value of l_D listed in Table 1, we can find that transmitting an alarm message with only one byte payload needs an overhead of 38 symbols added by the MAC and the PHY. This big overhead consumes most of the bandwidth and needs to be reduced.

4   Low-Latency Protocol

In this section, we present an IEEE 802.15.4 based protocol version that has been improved explicitly for the industrial real-time application described in Section 1.1. To achieve better hardware comparability, the PHY layer is completely preserved. Our improvements on the IEEE 802.15.4 MAC sublayer mainly include two aspects, the modification of the superframe structure and the reduction of the MAC overhead. In the following, we introduce our protocol in detail.

4.1   TDMA-based Superframe Structure

Each superframe consists of an IEEE 802.15.4 compliant beacon, n GTSs and $n + 1$ interframe spaces. The frame structure is shown in Fig. 2. We completely removed the contention access period, therefore, instead of allocation in a request-reply fashion as defined in the standard, all GTSs need to be preallocated to each of the n devices. In our application, we assume that only unacknowledged uplink transmissions from devices to the PAN coordinator will occur in the GTS. Thus, we distinguish two interframe space types. An IFS with length (l_{IFS}) equal to *aTurnaroundTime* symbols, which is equal to 12 symbols in the standard, is used before and after the beacon frame to guarantee that radios of the PAN coordinator and devices can switch between RX and TX state. For the interframe space between neighboring GTSs, a SIFS with a shorter length (l_{SIFS}) of 4 symbols is defined. We assume that this value is long enough for two consecutive transmissions, because the PAN coordinator always stays in a receiving state during this period. In enhanced protocol version, the interframe space has been separated from the GTS, which differs from the way described previously, and each GTS l_{GTS} will be allocated with only the length of one data transmission l_D.

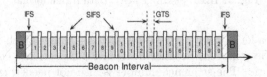

Fig. 2. TDMA-based superframe structure

In the used star topology, the communication is initiated by the PAN coordinator through broadcasting a beacon frame, which carries the information of the deployed superframe structure including the beacon interval and the position of the GTS preallocated to each device. Upon reception of the first beacon, each device can be configured to have one of the following two options:

Beacon tracking enabled – The device keeps in sync with the PAN coordinator through tracking the beacons transmitted by the PAN coordinator. For this purpose, the device has to wake up a short period of time before the scheduled arrival of each beacon. Upon reception of the beacon, it goes back to sleep and wakes up again only in its own GTS if it has a message to send.

Beacon tracking disabled – To save as much energy as possible, the device can go to sleep immediately after receiving the first beacon. It will wake up again only when a new message is generated. To transmit the message, the device needs first to resynchronize to the PAN coordinator by tracking the next coming beacon. Upon reception of one beacon, the node can locate its own GTS and send the message within this GTS. Afterwards, the node returns to sleep again.

In all cases, the PAN coordinator has to stay awake all the time to transmit beacons and to receive data from the devices. In industrial applications, such a PAN coordinator is assumed to be powered sufficiently. Therefore, no energy-efficiency is considered for the PAN coordinator in our protocol.

4.2   Data Frame Format Without MAC Header

As discussed in the previous section, to transmit one byte payload, the standard protocol adds a relatively huge overhead of 38 symbols at the MAC and the PHY. Therefore, another goal in designing our protocol is to reduce such big overheads. Since we intend to keep the IEEE 802.15.4 PHY layer, the PHY header with length of 6 octets will be preserved in its original format. In addition, the original beaconing mechanism and beacon frame structure will remain unchanged in our protocol. Therefore, we have focused on reducing the MAC overhead for data frames. For clarity reasons, the definition of the data frame in the IEEE 802.15.4 MAC is shown in Fig. 3.

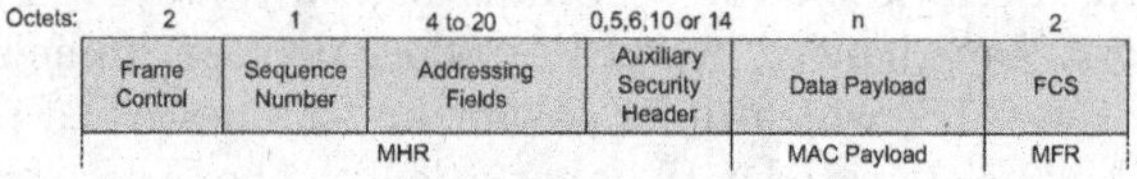

Octets:	2	1	4 to 20	0,5,6,10 or 14	n	2
	Frame Control	Sequence Number	Addressing Fields	Auxiliary Security Header	Data Payload	FCS
			MHR		MAC Payload	MFR

Fig. 3. IEEE 802.15.4 MAC data frame format

The MAC header is composed of four fields, among which the optional security field can be removed, because no security aspects are considered in our application scenario. The sequence number is also not needed for unacknowledged GTS transmissions as in our case and can be further ignored. The addressing field specifies the PAN identifier and device address for both, the source and the destination. Because our protocol is designed for managing only one PAN, the PAN identifier field can also be removed. As described previously, all GTSs are preallocated to each device. Thus, the PAN coordinator can easily identify the source of the received message according to the relative position of the GTS in the superframe. Based on this idea, we propose to use an implicit addressing mode instead of the usual explicit scheme utilized in IEEE 802.15.4. Therefore, the addressing field is not necessary for our improved protocol. The frame control filed defines the frame type, addressing mode control flags, and other control flags. The frame type field is not required, for only one type of alarm messages is defined in our application. The addressing mode control flags are useless due to our deployed implicit addressing mode. Other control flags in the frame control filed are unrelated to our application. In a word, the complete frame control field can be removed.

In summary, we propose a new data frame format at the MAC layer that only includes a payload of one byte and a FCS field with 2 bytes in length. The IEEE 802.15.4 MAC header is completely abandoned, resulting an alarm message with only 9 bytes in length including the PHY header and l_D, which is equal to 18 symbols. Compared to the original length of 20 bytes, the overhead in the alarm message has been significantly reduced.

4.3   Performance Analysis

We now reanalyze our improved low-latency protocol version for our studied scenario. According to Fig. 2, (4) is to be used to calculate the new beacon interval. l_{IFS} and l_{SIFS} are set to 12 symbols and 4 symbols, respectively. l_B remains 34 symbols. l_{GTS} is assigned equal to l_D with 18 symbols.

$$l_{BI} = l_B + 2 \times l_{IFS} + n \times l_{GTS} + (n-1) \times l_{SIFS} \tag{4}$$

Based on this, generally d_G can be calculated as follows:

$$l_G = l_B + 2 \times l_{IFS} + n \times l_{GTS} + (n-1) \times l_{SIFS} + l_{TR} \tag{5}$$

According to (4), for 20 devices, l_{BI} equals to 494 symbols. The guaranteed latency achieved by the new protocol is evaluated in the two protocol options:

Beacon tracking enabled – If the device keeps tracking the beacons, no extra latency will be spent on searching for the beacon. The worst case for this option has been discussed in Section 3 and the guaranteed latency can be calculated using (5). l_{TR} is the sum of l_D and l_{SIFS}, and is equal to 22 symbols. Thus, the calculated guaranteed latency for 20 devices is $l_G = 516$ symbols or $d_G = l_G/(62.5 \text{ ksymbols/s}) = 8.3$ ms, which satisfies our requirements.

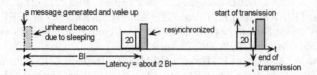

Fig. 4. Worst case for beacon tracking disabled

Beacon tracking disabled – The worst case for this option is shown in Fig. 4. The device allocated with the last GTS in the superframe generates a new alarm message and wakes up to listen for a beacon. If this device wakes up right after it has past the first bit of an ongoing beacon transmission, it has to wait an extra beacon interval for the next beacon to arrive. Upon reception of the beacon, the device has to delay the transmission until the arrival of its GTS. In this worst case, the generated message has to wait approximately two beacon intervals before its transmission. Therefore, the guaranteed latency can be estimated as the transmission time for $2 \times l_{BI}$, which equals to 15.81 ms. Although this value exceeds the required 10 ms, it can be deployed in the applications that stress more energy-efficiency than low latency.

5   Conclusion

We evaluated the applicability of the IEEE 802.15.4 protocol for industrial automation scenarios with strict real-time requirements. Using analytical techniques, we identified some restricting limitations of the standard protocol. Based on our findings, we proposed an improved version of the IEEE 802.15.4 MAC layer that keeps the original PHY layer. The improvements include a modified superframe structure supporting only GTS allocations and a new data frame format. Our solution allows the network working in either beacon-tracking enabled or disabled mode, which result in different energy consumption levels. The analysis results have shown that the required guaranteed latency bounds can be satisfied for the 20 devices example when the beacon tracking is enabled. The derived formulas can be used to calculate the maximum number of nodes for a given latency bound as well as to estimate the maximum data latency for a given network size.

References

1. P. Baronti, P. Pillai et al. Wireless Sensor Networks: a Survey on the State of the Art and the 802.15.4 and ZigBee Standards. *Elsevier Computer Communications*, 30(7):1655–1695, May 2007.
2. IEEE. Wireless Medium Access Control (MAC) and Physical Layer (PHY) Specifications for Low Rate Wireless Personal Area Networks (WPANs). IEEE Standard 802.15.4-2006, 2006.
3. T. H. Kim and S. Choi. Priority-Based Delay Mitigation for Event-Monitoring IEEE 802.15.4 LR-WPANs. *IEEE Communications Letters*, 10(3):213–215, March 2006.
4. A. Koubaa, M. Alves, and E. Tovar. GTS Allocation Analysis in IEEE 802.15.4 for Real-time Wireless Sensor Networks. In *20th International Parallel and Distributed Processing Symposium (IDPS 2006)*, April 2006.
5. A. Koubaa, M. Alves, and E. Tovar. i-GAME: An Implicit GTS Allocation Mechanism in IEEE 802.15.4 for Time-Sensitive Wireless Sensor Networks. In *18th Euromicro Conference on Real-Time Systems (ECRTS'06)*, pages 183–192, July 2006.
6. M. Petrova, J. Riihijärvi, P. Mähönen, and S. Labella. Performance Study of IEEE 802.15.4 Using Measurements and Simulations. In *IEEE Wireless Communications and Networking Conference (WCNC 2006)*, pages 487–492, Las Vegas, April 2006.
7. W. Ye, J. Heidemann, and D. Estrin: An Energy-Efficient MAC Protocol for Wireless Sensor Networks. in *21st IEEE Conference on Computer Communications (IEEE INFOCOM 2002)*, volume 3, pages 1567–1576, New York
8. J. Zheng and M. J. Lee. A Comprehensive Performance Study of IEEE 802.15.4. In *Sensor Network Operations*, pages 218–237. IEEE Press, 2006.

Virtualisierung im Echtzeitbereich

Andreas Hollmann

Hochschule für angewandte Wissenschaften Landshut
Fakultät Informatik

Zusammenfassung. Der vorliegende Beitrag diskutiert die Möglichkeiten und Einsatzgebiete der Virtualisierung im Echtzeitbereich. Dabei
werden die Unterschiede zwischen konventioneller Systemvirtualisierung
und Echtzeitvirtualisierung aufgezeigt. Es werden außerdem verschiedene Ansätze der Echtzeitvirtualisierung vorgestellt und auf eine konkrete
Lösung wird näher eingangen. Eine kritische Betrachtung der Technologie schließt den Beitrag ab.

1 Einführung

Der Begriff Virtualisierung ist heutzutage ein weitläufig genutzter Begriff, der
sich in der Informatik auf die Abstraktion von Ressourcen bezieht. In den meisten
Fällen bezeichnet man mit Virtualisierung Konzepte und Technologien, welche
die physischen Gegebenheiten von Ressourcen verstecken, um mehrere logische
Instanzen dieser Ressourcen anbieten zu können. Eine Abstraktionsschicht steuert und verwaltet die darunter liegenden Ressourcen und bietet auf diesen einen
isolierten Zugriff an. Die virtuelle Speicherverwaltung ist wohl die geläufigste
Anwendung dieses Prinzips. Der tatsächlich vorhandene Arbeitsspeicher wird
abstrahiert und jeder Prozess erhält die Illusion eines unabhängigen virtuellen Speichers mit einem eigenen Adressraum. Das Betriebssystem und die in
der CPU enthaltene MMU dienen hierbei als Abstraktionsschicht. Das Ziel der
Virtualisierung ist jedoch nicht einzig und allein die gemeinsame Nutzung von
Ressourcen, sondern auch eine möglichst effiziente. Im Vergleich zur Emulation
liefert die Virtualisierung ein vielfaches der Performanz.

Die Systemvirtualisierung hat sich bereits auf dem Desktop-Rechner und
insbesondere im Server-Umfeld etabliert und wird dort in Zukunft eine wichtige
Rolle spielen. Auf Servern wird Virtualisierung eingesetzt um die Konsolidierung
von physikalischen Systemen voranzutreiben. Eine hohe Anzahl virtueller Systeme kann dabei auf einem einzelnen performanten Multicore-System ausgeführt
werden. Dies führt zu einer besseren Auslastung der vorhandenen Hardware,
damit sinkt die Anzahl der benötigten physikalischen Systeme, was zu einem
geringeren Energiebedarf und zu niedrigeren Betriebskosten führt.

Server- und Embedded-Systeme erscheinen auf den ersten Blick wie zwei
verschiedene Welten, doch sie haben einige Gemeinsamkeiten. Die steigenden
Strompreise führten im Server-Umfeld dazu, dass die Energie-Effizienz zu einem
wichtigen Thema wurde. Im Embedded-Bereich spielt dieser Aspekt schon seit

jeher eine äußerst wichtige Rolle. Die nächste Gemeinsamkeit ist die Kompakt-heit der Systeme. Der in einem Rechenzentrum zur Verfügung stehende Raum ist eine stark begrenzte Ressource, daher wird versucht die Rechnerdichte stetig zu erhöhen. Um möglichst vielseitig einsetzbar zu sein, wird bei der Entwicklung von Embedded-Systemen immer darauf geachtet, dass die Größe des Systems mi-nimiert wird und damit verbunden die Anzahl der benötigten Bauteile. Durch diese Parallelen kann man erkennen, dass es im Embedded-Bereich vielverspre-chende Einsatzgebiete für die Systemvirtualisierung gibt.

Trotz dieser Gemeinsamkeiten gibt es auch eklatante Unterschiede. Embedded-Geräte haben im Gegensatz zu Servern in den häufigsten Fällen fest vorgegebene Reaktions- und Antwortzeiten, die es stets zu erfüllen gilt. Solche Systeme werden deshalb auch als Echtzeitsysteme bezeichnet.

2 Virtualisierung in Echtzeitsystemen

Echtzeitsysteme bestehen häufig aus mehreren autonomen Teilsystemen, die über ein Bussystem oder ein Netzwerk verbunden sind und auf denen jeweils eine Instanz eines Echtzeitbetriebssystems läuft. Zusätzlich zu diesen Systemen fal-len oft auch noch Rechner an, die zur Verwaltung des verteilten Echtzeitsystems, zur Visualisierung und zur Aufzeichnung von Messdaten verwendet werden. Da Echtzeitsysteme für derartige Anwendungen nur schlecht bis gar nicht geeignet sind, werden konventionelle Betriebssysteme wie Windows oder Linux für diesen Aufgabenbereich verwendet.

Um preiswertere und kompaktere Gesamtsysteme realisieren zu können wäre es von Vorteil, wenn man mehrere Instanzen eines Echtzeitbetriebssystems und zusätzlich eine Instanz eines konventionellen Betriebssystems auf einem einzelnen leistungsfähigen x86 Multicore-System ausführen könnte. Virtualisierung könnte hierfür ein Schlüssel zum Ziel sein, jedoch nur unter der Voraussetzung, dass das konsolidierte System weiterhin die gegebenen Echtzeitanforderungen erfüllt und außerdem eine sichere Umgebung zur Ausführung der virtuellen Maschinen bietet.

3 Anwendungsfälle

Für die Echtzeitvirtualisierung ergeben sich zahlreiche Anwendungsbereiche. Be-sonders vielversprechende Einsatzgebiete finden sich insbesondere in der Robo-tik, Automatisierung, Kommunikations- und Medizintechnik.

Bei Kommunikationssystemen (z. B. in der Telefontechnik) ist man auf Echt-zeitbetriebssysteme angewiesen, um einen gleichmäßigen und kontinuierlichen Da-tenfluss zu erreichen. Es fallen jedoch auch Verwaltungs- und Archivierungsauf-gaben an, für die ein Echtzeitbetriebssystem aufgrund mangelnder Software-Unterstützung nur schlecht geeignet ist. Im Normalfall werden mehrere phy-sikalische Systeme benötigt auf denen die einzelnen Applikationen laufen und

per Netzwerk miteinander kommunizieren. Durch eine echtzeitfähige Virtualisierungslösung lassen sich die verteilten Anwendungen auf einem einzelnen System
ausführen.

Bildgebende Verfahren (z. B. die Ultraschallaufnahme) aus der Medizintechnik lassen sich in folgende Verarbeitungsschritte einteilen: Datenerfassung, Datenverarbeitung und visuelle Darstellung. Während die Datenerfassung echtzeitfähig sein muss, ist dies bei der Datenverarbeitung und der Visualisierung meist
nicht der Fall. Die Echtzeitvirtualisierung kann in der Medizintechnik eingesetzt
werden, um die Kosten der Hardware zu reduzieren, bzw. sich die Implementierung durch besser geeignete Betriebssysteme zu erleichtern. Die Trennung der
Verarbeitungsschritte in einzelne Module, die jeweils innerhalb einer separaten
virtuellen Maschine ablaufen, bietet den zusätzlichen Vorteil einer getrennten
Zertifizierbarkeit. Das bedeutet, dass Änderungen der einzelnen Module keine
erneute Zertifizierung des Gesamtsystems nach sich ziehen muss.

In der Robotik und der Automatisierungstechnik kann die Echtzeitvirtualisierung dazu verwendet werden, das Echtzeitbetriebssystem, die graphische Be-
dienoberfläche und die Visualisierung von technischen Prozessen auf einem einzelnen physikalischen System auszuführen. Der Roboterhersteller KUKA vewen-
det seit 1995 für genau diesen Zweck die spezielle Windows-Erweiterung VxWin,
das eine echtzeitfähige Ausführung von VxWorks unter Windows erlaubt.

4   Ziele verschiedener Virtualisierungsansätze

Die konventionelle Virtualisierung und die Echtzeitvirtualisierung besitzen verschiedene Vor- und Nachteile, die ihre Eignung für bestimmte Anwendungsfälle beeinflussen. Generell besteht der Konflikt zwischen maximaler Abschottung
der virtuellen Systeme einerseits und einer möglichst effizienten Nutzung der
Hardware-Ressourcen andererseits.

Das wichtigste Kriterium einer konventionellen Virtualisierungslösung (z. B.
VMware) ist die sichere Isolation der virtuellen Maschinen. Dies erlaubt es mehrere, möglicherweise nicht vertrauenswürdige, virtuelle Maschinen auf einem gemeinsamen physikalischen Rechner auszuführen. Um eine sichere Isolation zu
ermöglichen wird erheblicher Aufwand betrieben und teilweise auch die Funktionalität eingeschränkt. Meist bieten konventionelle Virtualisierungslösungen
deswegen keinen direkten Zugriff auf physikalische Hardware und müssen stattdessen emulierte Geräte nutzen.

Bei der Echtzeitvirtualisierung ist das wichtigste Kriterium das Erreichen von
möglichst geringen Reaktionszeiten. Um dieses Ziel zu erreichen werden auch
Einschränkungen der sicheren Isolation der Gastsysteme in Kauf genommen. Es
wird z. B. auf die virtuelle Speicherverwaltung verzichtet, da diese zu erhöhten Latenzen führt. Virtuellen Maschinen wird direkter Zugriff auf physikalische
Geräte ermöglicht und auf emulierte Geräte wird verzichtet, um Latenzzeiten
weiter zu minimieren. Da die virtuellen Maschinen nicht sicher voneinander getrennt sind, ist die Ausführung von nicht vertrauenswürdigen Gästen nicht zu
empfehlen.

5   Multicore-Technologie

Die Multicore-Technologie hat die Verbreitung von Mehr-Prozessor-Systemen im Desktop und Serverbereich stark vorangetrieben. Derzeit verfügt jeder aktuelle Desktop-PC bereits über 2 Prozessorkerne und die Tendenz ist steigend. Es macht derzeit wirtschaftlich kaum noch Sinn eine Single-Core CPU einzusetzen. Dieser Trend setzt sich langsam auch im Embedded und Echtzeitbereich fort.

Durch die Multicore-Technologie hat sich die Leistungsfähigkeit einer CPU theoretisch vervielfacht, doch in Praxis ist von dieser enormen Leistungssteigerung bei einer einzelnen nicht optimierten Anwendung kaum etwas zu spüren. Die Optimierung der Anwendungen schreitet leider nur langsam voran. Das Problem liegt bei der Komplexität der parallelen Programmierung und daran, dass sich viele Algorithmen nur schlecht parallelisieren lassen. Mehrere Prozessor-Kerne bieten jedoch die Möglichkeit, mehrere Anwendungen echt parallel und nahezu ohne Geschwindigkeitseinbußen ausführen zu lassen. Dies ist eine exzellente Voraussetzung um echtzeitfähige Virtualisierungslösungen zu realisieren.

6   Virtualisierung und Echtzeiteigenschaften

Bei der Virtualisierung eines Echtzeitbetriebssystems hat die Einhaltung der spezifizierten Antwortzeiten höchste Priorität und es ist darauf zu achten, dass diese auch in einer virtualisierten Umgebung eingehalten werden. Es ist jedoch allgemeinen bekannt, dass Virtualisierung mit einem gewissen Leistungsverlust verbunden ist. Im Folgenden werden einige Punkte erläutert, die die Echtzeiteigenschaften einer konventionellen Virtualisierungslösung negativ beeinflussen.

6.1   Virtualisierung durch Code-Analyse

Nach dem Theorem von Goldberg und Popek [1] ist der x86 Befehlsatz nicht virtualisierbar [2]. Das bedeutet, dass es Befehle im Benutzermodus (Ring 3) gibt, die auf privilegierte Ressourcen zugreifen ohne eine Exception auszulösen.

Um eine direkte Ausführung des Binärcodes auf einer x86 CPU dennoch zu ermöglichen, ist es unumgänglich die kritischen Befehle gegen nicht kritischen Emulationscode zu ersetzen. Dies zu bewerkstelligen ist eine komplexe und aufwändige Aufgabe, bei der die Untersuchung des Binärcodes zur Ausführungszeit nötig ist. Dieser Ansatz wird in den Lösungen von VMware und in VirtualBox genutzt.

Durch Caching-Mechanismen ist das „Code-Patching" nur beim ersten Durchlauf eines Code-Segments notwendig. Dennoch tritt eine nicht vorherzusehende Verzögerung auf, die bei Echtzeitsystemen nachteilig ist.

6.2   Virtualisierung mit Hardware-Unterstützung

Mit der Einführung der Virtualisierungserweiterungen Intel VT-x und AMD-V wurden Mechanismen eingeführt um alle sensitiven Instruktionen abfangen zu können. Damit kann das Theorem von Goldberg und Popek erfüllt werden. Das komplexe Code-Patching ist nun nicht mehr zwingend notwendig und der deutliche einfachere Virtualisierungsansatz „Trap-and-Emulate" konnte nun auf der x86-Architektur genutzt werden.

Bei diesem Ansatz wird jeder sensitive Befehl in Hardware abgefangen und führt zu einem Sprung in den Hypervisor, welcher den Befehl anschließend emuliert. Der Hypervisor (auch Virtual Machine Monitor genannt) dient als Abstraktionsschicht des physikalischen Systems. Die Emulation kritischer Befehle kostet natürlich auch Zeit und ist somit problematisch für die Echtzeitfähigkeit.

6.3 Speicherschutz

Auf x86-Systemen wird die Memory Management Unit (MMU) von den meisten Betriebssystemen genutzt um den Speicher von Prozessen sicher voneinander abzuschotten. Betreibt man nun ein Betriebssystem innerhalb einer virtuellen Maschine steht eine dedizierte MMU nicht mehr zur Verfügung. Eine vollständige Emulation der MMU wäre jedoch viel zu aufwendig. Bei der konventionellen Virtualisierung wird daher ein Mischverfahren genutzt. Der Hypervisor erstellt und verwaltet für jeden Prozess eines virtualisierten Betriebssystems eine so genannte „Shadow Page Table". In dieser Datenstruktur werden virtuelle Gastadressen direkt auf physikalische Wirtsadressen abgebildet. Die in der CPU integrierte MMU kann direkt auf dieser „Shadow Page Table" arbeiten und die Adressübersetzung effizient durchführen, vorausgesetzt es tritt kein „Page Fault" auf. Falls ein solcher auftritt wird vom Hypervisor die „Shadow Page Table" in Software modifiziert. Es lässt sich leicht vorstellen, dass diese Verwaltung der „Shadow Page Table" sehr aufwendig ist und einen deutlichen Mehraufwand bedeutet. Daher wird bei der Echtzeitvirtualisierung zugunsten geringerer Latenzen oft auf einen sicheren Speicherschutz verzichtet.

6.4 Emulation

Bei der konventionellen Systemvirtualisierung wird ein physikalisches System mit all seinen Geräten in Software nachgebildet, um anschließend ein Betriebssystem ohne Modifikation und mit den integrierten Treibern ausführen zu können. Viele physikalische Geräte lassen sich nicht ohne weiteres von mehreren virtuellen Maschinen gemeinsam nutzen und müssen deshalb aufwendig emuliert werden. Beispiele hierfür sind Grafikkarten, der System-Chipsatz, Netzwerkkarten, Systemuhren. Prozessor und Arbeitsspeicher lassen sich dank Virtualisierung effizient gemeinsam nutzen.

6.5 Nativer Hardwarezugriff

Direkter Hardwarezugriff wird aufgrund mangelnder technischer Möglichkeiten zur sicheren Isolation in konventionellen Virtualisierungslösungen nicht angeboten. Der direkte Zugriff auf Hardware spielt bei Echtzeitsystemen jedoch eine wichtige Rolle und muss auf jeden Fall gewährleistet sein.

Erst durch eine „I/O Memory Management Unit" wie sie mit Intel VT-d angeboten wird lassen sich sichere DMA-Transfers durchführen und damit auch eine sichere Hardwarezuordnung realisieren.

7   Virtualisierungsansätze für die Echtzeitvirtualisierung

Echtzeitbetriebssysteme lassen sich für die unterschiedlichen Zielsysteme anpassen. Der dafür nötige Teil des Quellcodes liegt frei und kann deswegen auch angepasst werden. Der offen liegende Code ermöglicht es effiziente Schnittstellen zwischen dem Hypervisor und dem Echtzeitbetriebssystem zu schaffen. Anstatt auf emulierte Geräte zuzugreifen wird direkt und sehr effizient über den Speicher kommuniziert. Das Echtzeitbetriebssystem wird speziell angepasst, um auf dem Hypervisor laufen zu können. Man spricht hierbei auch von Paravirtualisierung.

7.1   Microkernel als Hypervisor

Ein Microkernel ist ein minimaler Betriebssystemkern. Er verfügt lediglich über eine Speicher- und Prozessverwaltung, sowie Grundfunktionen zur Synchronisation und Kommunikation. Die genannten Funktionen laufen im Kernel-Modus. Jede weitere Funktionalität, z. B. das Dateisystem, Treiber und Protokolle werden ausgelagert und laufen als eigenständige Prozesse im Benutzermodus mit Speicherschutz.

Der Microkernel abstrahiert und kontrolliert außerdem die wichtigsten Hardwareressourcen, darunter die CPU, den Speicher und den Interrupt-Controller. Über Schnittstellen kann ein angepasstes Echtzeitbetriebssystem mit dem Microkernel, der als Hypervisor agiert, kommunizieren und so auch Interrupts entgegennehmen. Da ein Interrupt erst über den Hypervisor zum Echtzeitbetriebssystem gelangt entsteht hier eine zusätzliche Latenz.

Ein Unternehmen das vermutlich diesen Ansatz verfolgt ist VirtualLogix. In ihrem Hypervisor VLX [3] findet man Unterstützung für das Echtzeitbetriebssystem VxWorks . Zusätzliche werden Linux und mit Hilfe der Virtualisierungserweiterung VT-x von Intel auch Windows XP unterstützt. Dank VT-x ist die Isolation von Windows XP sicher.

7.2   Mikrokernel als Echtzeitbetriebssystem

Einige Hersteller nutzen einen Mikrokernel nicht einzig und allein als Hypervisor, sondern auch als vollständiges Echtzeitbetriebssystem, auf dem Echtzeitprozesse ausgeführt werden können. Hier entsteht keine zusätzliche Latenz, da der Hypervisor und das Echtzeitbetriebssystem ja identisch sind.

Da es sich hier jedoch um eigene Implementierungen eines Echtzeitbetriebssystems handelt, lassen sich vorhandene Echtzeitanwendungen nur mit erhöhtem Aufwand auf die neue Plattform portieren.

Ein Hersteller, der diesen Ansatz nutzt ist das Open Kernel Labs mit ihrer echtzeitfähigen L4 Microkernel-Implementierung OKL4 [4], auf dem als Gast ein angepasstes Linux (OK Linux) ausgeführt werden kann. OKL4 ist bereits ein eigenständiges Echtzeitbetriebssystem.

Die SYSGO AG nutzt in ihrem echtzeitfähigen Microkernel PikeOS [5], ebenfalls die L4 Architektur und unterstützt einen angepassten Linux-Kernel als Gast-System.

7.3 Nativer Ansatz auf x86 Mehr-Prozessor-Systemen

Um ein Betriebssystem auszuführen ist nur ein Bruchteil der auf einem Mehr-Prozessor-System enthaltenen Hardware nötig (Abb. 1). Neben der zentralen Ausführungseinheit, der CPU, muss zusätzlich freier Arbeitsspeicher und ein Systemzeitgeber vorhanden sein. Der in einem System verfügbare Arbeitsspeicher kann problemlos partitioniert werden und in jedem CPU-Kern befindet sich ein programmierbarer Timer (APIC-Timer Advanced Programmable Interrupt Controller). Die Voraussetzungen für die parallele Ausführung mehrerer Betriebssysteme sind somit theoretisch gegeben.

Betriebssysteme gehen jedoch davon aus, dass ihnen die gesamte Hardware und der komplette physikalische Speicher zur Verfügung stehen. Bei vorhandenem Quellcode lässt sich dieses Verhalten anpassen und ein Betriebssystem lässt sich so modifizieren, dass es nur noch einen eingeschränkten Bereich des physikalischen Speichers und nur explizit zugewiesene Geräte nutzt.

Um den einzelnen Betriebssystemen, die jeweils auf einem eigenen CPU-Kern laufen, physikalische Geräte (z. B. Netzwerkkarte) zuordnen zu können, wird das APIC-Subsystem verwendet. Die lokalen APIC-Controller, die sich auf den CPU-Kernen befindet, bilden zusammen mit dem zentralen I/O-APIC im Chipsatz ein System, mit dem Interrupts geroutet und auf verschiedene CPU-Kerne verteilt werden können.

Damit stehen alle notwendigen Komponenten zur Verfügung, um mehrere Betriebssysteme auf einem Mehr-Prozessor-System auszuführen. Das besondere bei dieser Lösung ist, dass zur Laufzeit kein Hypervisor benötigt wird. Diesen Ansatz, den man auch als Partitionierung des Systems bezeichnen könnte, verfolgt die Firma Real-Time Systems mit ihrem Produkt Real-Time Hypervisor [6]. Unterstützt werden derzeit VxWorks, Linux und Windows CE. Mit Hilfe von Intel VT-x wird Windows XP als Gast unterstützt.

8 Der Real-Time Hypervisor im Detail

Der Real-Time Hypervisor verwendet den in Kapitel 7.3 vorgestellten Ansatz der Echtzeitvirtualisierung. Bei diesem Ansatz wird auf einen Hypervisor zur Laufzeit verzichtet. Dies erfordert jedoch die Anpassung der Betriebssysteme.

8.1 Modifikation des Betriebssystems

Damit mehrere Betriebssysteme auf einem Rechner ausgeführt werden können, müssen diese modifiziert und für die Nutzung der redundant zur Verfügung

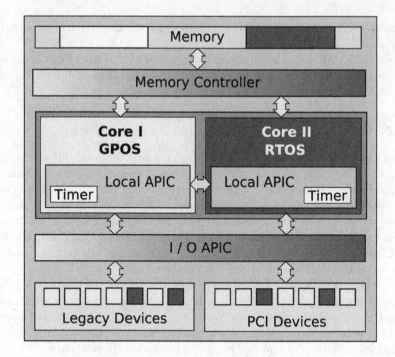

Abb. 1. Partitionierung eines Dual-Core-Rechners

stehende Hardware angepasst werden. Wie oben schon erwähnt enthält jeder CPU-Kern einen APIC-Timer. Dieser findet normalerweise keine Verwendung als Systemzeitgeber, da er nicht mit einer festen Frequenz, sondern von der Bus-Frequenz abgeleiteten Frequenz läuft. Um den APIC-Timer trotzdem als Systemtimer nutzen zu können, muss er bei jedem Bootvorgang kalibriert werden.

Viele Systeme verhalten sich sehr konservativ bezüglich der Nutzung neuer Hardware. Um Interrupts zu den einzelnen Betriebssystemen zustellen zu können, muss statt des betagten Programmable Interrupt Controller (PIC) der APIC verwendet werden. Einige Automatismen der Betriebssysteme müssen abgeschaltet werden, damit es möglich wird das System eindeutig zu konfigurieren. Zusätzlich wurden Treiber für eine virtuelle Netzwerkkarte implementiert, um mit anderen Gast-Betriebssystemen kommunizieren zu können. Die interne Kommunikation des virtuellen Netzwerks läuft über Speicherbereiche auf die alle Gast-Betriebssysteme gemeinsam zugreifen können.

8.2   Zuordnung von physikalischen Geräten

Der Real-Time Hypervisor erlaubt es den einzelnen Gastbetriebssystemen physikalische Geräte exklusiv zuzuordnen. Es gibt jedoch eine deutliche Einschränkung der Flexibilität, da alle Geräte, die an einer Interrupt-Signalleitung hängen, an ein Gast-Betriebssystem zugeteilt werden müssen. Wie die Interrupt-Signalleitung unter den Geräten verteilt werden hängt vom verwendeten Mainboard ab.

8.3 Speicherverwaltung

Jedem Betriebssystem wird beim Boot-Vorgang ein bestimmter physikalischer Speicherbereich zugeteilt. Diesen Speicherbereich kann das Betriebssystem nach belieben verwalten. Da jeder CPU-Kern ein vollständiger Prozessor ist und über eine eigene MMU verfügt, kann diese zur Adressübersetzung von virtuellen in physikalische Adressen genutzt werden. Die MMU steht jedoch unter direkter Kontrolle des jeweiligen Gast-Betriebssystems. Aus diesen Gründen gibt es keinen sicheren Speicherschutz, aber auch keinen zusätzlichen Verwaltungsaufwand der zu schlechteren Latenzen führen würde.

Durch die Nutzung von Intel-VT-x kann für Windows XP sicherer Speicherschutz realisiert werden.

8.4 Bootvorgang

Ein spezieller Bootloader wird genutzt, der das APIC-System konfiguriert und anschließend die Kalibrierung des APIC-Timers durchführt. Im letzten Schritt wird auf jedem Kern ein Betriebssystem gebootet. Ab dieser Stelle laufen die einzelnen Betriebssysteme parallel.

9   Einschränkungen der Echtzeitvirtualisierung

Bei der Ausführung eines einzigen Echtzeitbetriebssystems auf einem Rechner ist die gesamte Hardware und alle Ressourcen unter dessen Kontrolle. Führt man nun mehrere Echtzeitbetriebssysteme auf dem gleichen Rechner aus, müssen einige Ressourcen geteilt werden. Bei beschränkten Ressourcen kann dies zu Engpässen und damit zu erhöhten Latenzen führen.

Multicore-Prozessoren teilen sich den Last-Level-Cache. Bei der Core-Architektur von Intel teilen sich 2 Kerne den Level-2-Cache und beim AMD Phenom wird der Level-3-Cache von 4 Kernen genutzt. Bei der gemeinsamen Nutzung des Caches durch mehrere Kerne gibt es jedoch keine Mechanismen, die eine faire Nutzung des Caches sicherstellen. Das bedeutet, dass ein einzelner Gast den Großteil des Caches für sich beanspruchen kann und dadurch fremde Cache-Zeilen verdrängt.

Der Chipsatz-Bus zwischen der North- und Southbridge kann unter Umständen zum Flaschenhals werden. Je nach benutztem Chipsatz kann ein durch den Festplatten-Controller durchgeführter DMA-Transfer den Chipsatz-Bus belegen. Ein Interrupt kann dadurch nur noch verzögert bestätigt werden und würde damit die Latenzzeit erhöhen. Dieser Fall kann auch bei einem einzelnen Betriebssystem auftreten. Der kritische Punkt bei der Echtzeitvirtualisierung ist jedoch, dass jedes von einander unabhängig laufende Gast-Betriebssystem den Bus belegen könnte, ohne das ein anderer Gast etwas dagegen unternehmen kann.

10   Zusammenfassung

Echtzeitvirtualisierung bietet zahlreiche Möglichkeiten, um die Architektur von Embedded-Systemen zu verbessern und deren Kosten zu senken. Derzeit werden zahlreiche Produkte für unterschiedliche Anwendungsgebiete angeboten. Einige dieser Lösungen unterstützen etablierte Echtzeitbetriebssysteme. Andere stellen dem Anwender eigene Umgebungen zur Verfügung, die es ihm erlauben Echtzeitanwendungen zu erstellen.

Die Virtualisierungsansätze, die auf einem Microkernel basieren haben den Vorteil, dass sie bereits auf einer Single-Core-CPU nutzbar sind. Jeder Gast bekommt abwechselnd die CPU zugeteilt. Bei einem Interrupt, der nicht dem gerade rechnenden Gast zugeordnet ist, kommt es zu einer Verdrängung des aktuellen Gastes und dem Empfänger des Interrupts wird die CPU zugeteilt, welcher nun auf das Ereignis reagieren kann. In einem solchen Fall ist die Interrupt-Latenz erhöht. Anhand von Prioritäten lässt sich die Bearbeitungsreihenfolge der Gäste regeln.

Beim nativen Ansatz sind pro Gast zwingend ein CPU-Kern notwendig. Ein Hypervisor zur Laufzeit entfällt jedoch. Interrupts können in Hardware zugestellt werden und der Empfänger ist in diesem Fall immer rechenbereit, so dass im Allgemeinen geringere Latenzen entstehen. Da zur Laufzeit kein Hypervisor aktiv ist, gibt es keine Priorisierung der virtuellen Maschinen. Je nach verwendeter Hardware können Bandbreitenengpässe zu erhöhten Latenzzeiten führen.

Der Einsatz von Virtualisierungslösungen kann mit neuen Aufgaben und Problemen verbunden sein. Das Laufzeitverhalten eines Echtzeitsystems ist bereits ohne Virtualisierung schwer vorherzusagen, mit der Echtzeitvirtualisierung kommen zusätzliche Unbekannte hinzu.

Literaturverzeichnis

1. G. J. Popek and R. P. Goldberg, „Formal requirements for virtualizable third generation architectures," in SOSP 73: Proceedings of the fourth ACM symposium on Operating system principles, vol. 7, no. 4. New York, NY, USA: ACM Press, October 1973. [Online]. Available: http://portal.acm.org/citation.cfm?id=808061

2. J. S. Robin and C. E. Irvine, „Analysis of the intel pentium's ability to support a secure virtual machine monitor," 2000. [Online]. Available: http://www.cs.nps.navy.mil/people/faculty/irvine/publications/ 2000/ VMM-usenix00-0611.pdf

3. VirtualLogix, „Vlx for network infrastructure supporting intel core microarchitecture." [Online]. Available: http://www.virtuallogix.com/index. php?id=146

4. G. Heiser, „Virtualization for embedded systems." [Online]. Available: http:// wiki.ok-labs.com/GetEducated

5. R. Kaiser and S. Wagner, „The pikeos concept - history and design," p. 8. [Online]. Available: http://www.sysgo.com/news-events/whitepapers/

6. Real-Time Systems GmbH, „Real-time hypervisor - datasheet." [Online]. Available: http://www.real-time-systems.com/docman/doc_download_21.html

Fehlertoleranzanalyse des FlexRay Startup-Prozesses

Sven Bünte[1] und Paul Milbredt[2]

[1] Technische Universität Wien, sven@vmars.tuwien.ac.at
[2] AUDI AG, I/EE-81, paul.milbredt@audi.de

Zusammenfassung. Die FlexRay-Prozeduren *Wakeup* und *Startup* sollen eine konsistent-synchrone Kommunikation bezüglich eines TDMA verwandten Verfahrens herstellen. Beide Algorithmen werden in dieser Arbeit abstrakt modelliert und mit Hilfe des Model Checkers SPIN bezüglich Terminierung analysiert. Die Ergebnisse zeigen, dass in bestimmten Fehlerszenarios die Verwendung von Central Bus Guardians, die Clusterkonfiguration und das Verhalten des Hosts darüber entscheiden, ob Fehlertoleranz und Laufzeitbeschränkungen garantiert werden können.

1 Einleitung

Im Flugzeugbau wurden Systeme, die traditionell mechanischer Art waren, teilweise durch elektrische Komponenten ersetzt. Die Technologie nennt sich entsprechend *fly-by-wire*. Die Lenkbewegungen werden zum Beispiel nicht mehr hydraulisch weitergeleitet, sondern mittels Sensoren, Aktoren und einem Medium zur Datenübertragung (Kupferdraht, Lichtfaser, etc.). Die Motivation war das Gewicht und den Kerosinverbrauch des Flugzeugs zu senken und gleichzeitig, durch computerunterstützte Pilotassistenzsysteme, die Manövrierbarkeit des Flugzeugs und die Sicherheit der Passagiere zu erhöhen. Das Hauptproblem besteht darin, die Elektronik ausreichend verlässlich zu machen, denn eine Fehlfunktion kostet mit hoher Wahrscheinlichkeit Menschenleben. Diesem Problem wurde viel Forschungsarbeit gewidmet [7,11,14,20], so dass es letztendlich auch gelang die Ergebnisse industriell umzusetzen. Das Kabinendrucksystem des Airbus A380 wird zum Beispiel mit Hilfe vom *Time-Triggered-Protocol (TTP)* gesteuert [8].

Es sind unter anderem die Errungenschaften aus der Luftfahrttechnik, die das Verlangen nach einem geeigneten Kommunikationssystem für den Automobilbereich genährt haben. Im September 2000 wurde das FlexRay-Konsortium gegründet mit den ursprünglichen Mitgliedern BMW, DaimlerChrysler, Philips und Motorola, um FlexRay als standardisiertes Kommunikationssystem zu entwickeln. Die Gründung wurde nicht nur durch die positiven Erfahrungen aus der Luftfahrttechnik motiviert, es sollte zudem der Wettbewerb zwischen Zulieferern erhöht werden. Außerdem zeigte sich, dass der Datendurchsatz des weit verbreiteten *Control Area Network (CAN)* Protokolls den zukünftigen Anwendungen nicht gewachsen ist.

Die *Time Triggered Architecture (TTA)* [9, 12, 13] wurde entwickelt, um sicherheitskritische Anwendungen zu unterstützen. FlexRay soll den Gebrauch von *brake-by-wire* oder *steer-by-wire*, bei denen das Automobil Brems- bzw. Lenksignale elektronisch verarbeitet, gewährleisten. Dieser Anwendungsbereich ist ebenfalls sicherheitskritisch, weshalb es vielseitiger Validierungsmethoden bedarf, um ein genügendes Vertrauen in die Technologie zu gewinnen.

Dieser Artikel stellt eine Zusammenfassung von [3] dar, in der Fehlertoleranz und zeitlicher Determinismus von FlexRays Startup-Prozedur untersucht wird. Grundlage sind die Arbeiten von Wilfried Steiner [18, 19] in denen er den Model Checker SAL zur Verifikation von Terminierungseigenschaften verwendet. Meine Untersuchungen schließen den *Wakeup*-Algorithmus und die Host-Applikation mit ein. Außerdem wird eine aktuellere Spezifikation des FlexRay Bus Guardians verwendet. Im Gegensatz zu Steiner verwende ich den Model Checker SPIN, dessen Modellierungssprache PROMELA sehr ähnlich zu FlexRays Spezifikationssprache SDL ist.

Die Ergebnisse zeigen, dass in bestimmten Fehlerszenarien die Verwendung von Central Bus Guardians, die Clusterkonfiguration und das Verhalten des Hosts darüber entscheiden, ob Fehlertoleranz und Laufzeitbeschränkungen garantiert werden können. Das gilt bereits wenn man den Wakeup-Vorgang, der eine Subprozedur vom Startup ist, isoliert betrachtet.

1.1 Das FlexRay Kommunikationssystem

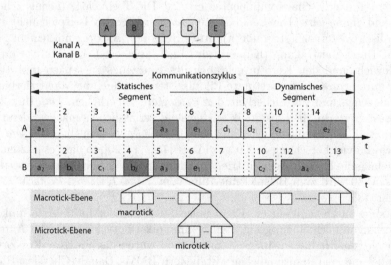

Abb. 1. Das FlexRay-Zeitmultiplexverfahren

Als Grundlage für deterministische, zeitgesteuerte Kommunikation verwendet FlexRay einen Ansatz auf Basis von *Time Division Multiple Access (TDMA)*.

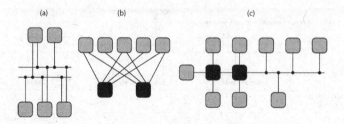

Abb. 2. Mögliche FlexRay-Topologien. (a) Bus mit zwei Kanälen. (b) Stern mit zwei Kanälen. (c) Hybrider Aufbau mit einem Kanal

Dieser spiegelt sich im statischen Segment eines Kommunikationszyklus wider (vgl. Abbildung 1). Um zusätzlich flexibel auf besondere Ereignisse reagieren zu können ist zudem ein dynamisches Segment integriert, welches dem *ByteFlight*[1]-Protokoll ähnlich ist. Für den Startup-Prozess ist dieses Segment nicht aktiv und deshalb für die Untersuchung nicht relevant.

Die Zeithierarchie ist folgende: Jeder Knoten im Cluster hat eine lokale Uhr, die in *Microticks* zählt. Ein Synchronisationsalgorithmus berechnet periodisch eine globale Zeit in der Einheit *Macroticks*. Er garantiert, dass die Abweichung zur lokalen Zeit immer genügend klein ist. Ausgehend von Macroticks werden Zeitschlitze gebildet, wobei jeder genau einem Knoten zugeordnet ist, um Übertragungskonflikte zu vermeiden. Diese Zuordnung wird als *Schedule* bezeichnet und ist für jeden Kommunikationszyklus konstant. Für unsere Untersuchungen spielt die Topologie, als Teil einer FlexRay-Konfiguration, eine Schlüsselrolle. Abbildung 2 stellt drei Varianten dar. Helle Rechtecke sind hier FlexRay-Knoten, dunkle Rechtecke sind *Sterne* (vergleichbar zu Switches in der Datennetztechnik Ethernet). Die verbindenden Linien skizzieren Kommunikationskanäle. Der hybride Aufbau (c), der den Bus- und den Sternansatz vereint, wurde bisher nicht untersucht.

Es bleibt noch zu erwähnen, dass unsere Untersuchungen auf den FlexRay-Spezifikationen [4–6] basieren.

1.2 Wakeup und Startup

Ein Automobil hat im Vergleich zum Flugzeug längere Phasen, in denen es nicht genutzt wird, z.B. kurzfristig über Nacht oder vielleicht sogar den gesamten Winter über. Um trotzdem jederzeit einsatzfähig zu sein muss sparsam mit Energie umgegangen werden. Deshalb legt sich ein Auto, wenn es nicht genutzt wird, gewöhnlich schlafen. Technisch gesehen bedeutet das: alle elektronischen Komponenten gehen in einen Energiesparmodus über, in dem nur die Aufwachfunktion (Wakeup) zur Verfügung steht. In jedem FlexRay-Knoten ist nur eine kleine Komponente aktiv, die ausschließlich ein Signal erkennt (*WakeUp Pattern (WUP)*) und bei Empfang den gesamten Knoten aktiviert.

---

[1] `http://www.byteflight.com`

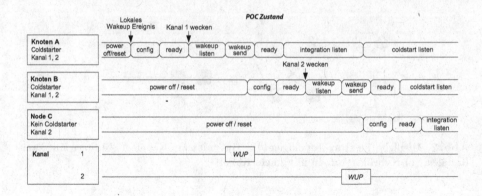

Abb. 3. Wakeup: Beispielablauf [6]

Nach der Bootsequenz eines FlexRay-Teilnehmers befindet sich das System im Zustand *ready* und ist bereit von dort aus den Wakeup-Prozess zu starten, in dem das Versenden von WUPs gesteuert wird. Nach der Beendigung wird wieder Zustand *ready* erreicht, von dem nun der Synchronisationsprozesses (Startup) begonnen werden kann.

Ein schematischer Ablauf des Wakeups ist in Abbildung 3 beschrieben und soll an dieser Stelle zur Erklärung des Prozesses genügen. Auf der horizontalen Achse sind die Zustände von FlexRays übergeordnetem Kontrollprozess *Protocol Operation Control (POC)* dargestellt. Der betrachtete Cluster besteht aus drei Knoten *A,B,C*, von denen *A* und *B* die Rolle eines *Coldstarters* übernehmen. Dieses Konzept ist ein Mittelweg: ein Master-Slave-Konzept ist zwar einfach aber nicht fehlertolerant. Vollständige Gleichberechtigung zwischen allen Knoten erhöht hingegen die funktionale Komplexität. Coldstarter sind deshalb nur potentielle Master. Sie wählen unter sich einen Master aus, der eine kontrollierende Funktion übernimmt und überwachen diesen anschließend. Dieses Konzept spielt beim Wakeup nur eine untergeordnete Rolle, ist aber essentiell während des Startups.

Im dargestellten Ablauf passiert folgendes: Knoten *A* beginnt (zum Beispiel initiiert durch das Drehen des Zündschlüssels), während der Cluster schläft, den POC-Prozess. Dieser startet dann das Wakeup-Makro. Es wird einige Zeit gewartet, um zu gewährleisten, dass Kanal 1 nicht bereits aktiv ist. Während der Übertragung eines WUPs wird auf Kollisionen mit anderen WUPs getestet. Dies ist hier nicht der Fall, und Knoten *A* bereitet sich auf den Startup vor, welcher letztendlich durch die Host-Applikation angestoßen wird. Knoten *B* wird durch das WUP von *A* über Kanal 1 geweckt und ist so konfiguriert, Kanal 2 zu wecken. Knoten *C* wird durch das WUP auf Kanal 2 geweckt und durchläuft das Wakeup-Makro in diesem Szenario nicht.

Nehmen wir an, dass alle Knoten in einem Cluster wach sind. Der nächste Schritt ist es, synchrone Kommunikation gemäß eines Schedules herzustellen.

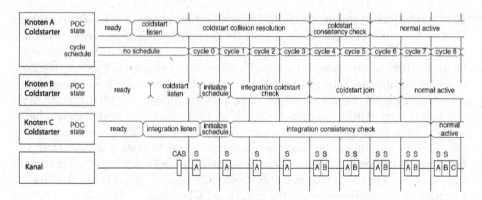

Abb. 4. Startup: Beispielablauf [6]

Die Komplexität dieser Prozedur entsteht durch die essentielle Anforderung, dass Fehler toleriert werden müssen. Wir werden an dieser Stelle nicht auf Details des Vorgangs eingehen, sondern versuchen, ein intuitives Verständnis der Funktionsweise und potentieller Probleme zu erzeugen. Eine detaillierte Einführung ist in der Masterarbeit zu finden.

Zunächst stimmen sich die Coldstarter untereinander ab, wer den Initialtakt vorgeben darf. Dieser Takt stellt dann das Metrum dar, nach dem sich alle anderen Knoten richten müssen. Will ein Coldstarter diesen Vorgang einleiten, sendet er ein *Collision Avoidance Symbol (CAS)*. Dieses Symbol ist der „Startpfiff" zur Synchronisation. In Abbildung 4 wird ein Ablauf schematisiert, in dem Knoten A das CAS beim Übergang zum POC-Zustand *coldstart collision resolution* sendet, nachdem er einige Zeit auf beiden Kanälen horcht, ob es schon (synchrone) Kommunikation gibt oder ob ein Versuch zur Synchronisation unternommen wird. In beiden Fällen geht der Coldstarter in eine passive Rolle über, wie im Beispielablauf Knoten B. Das CAS von A ist ein Zeichen zum Rückzug: Es gewinnt immer der Knoten, der das CAS zuerst sendet. Senden mehrere Knoten gleichzeitig, entscheidet die Priorität der Knoten. Im Beispiel gibt es kein gleichzeitiges Senden, und Knoten A verbreitet vier Zyklen lang einen Takt zum Einstimmen: In dem ihm zugewiesenen TDMA-Zeitschlitz sendet er ein *Startup-Frame*, das eine eindeutige Zeitschlitz-ID enthält. Je kleiner die zugewiesene Zeitschlitz-ID eines Knotens ist, desto höher ist seine Priorität. Mit dieser ID, und mit Hilfe von Synchronisationspunkten am Anfang und Ende des Startup-Frames, ist es für alle Knoten möglich, ihre Uhren und das FlexRay-Schedule synchron zu initiieren. Nach vier Zyklen steigen alle zuvor passiv agierenden Coldstarter mit ein und senden ebenfalls ihre Startup-Frames. Nach weiteren zwei Zyklen ist der Startup-Prozess in allen Teilnehmern beendet, so dass auch die Non-Coldstarter Daten in ihrem Zeitschlitz zu senden beginnen (im Beispiel Knoten C).

Es wurden hier einige wesentliche funktionale Details nicht erwähnt. Es ist nämlich so, dass der Prozess bei Berücksichtigung von Fehlertoleranz eine enorme Komplexität annimmt. Deshalb bedarf es der Anwendung von nicht trivialen Methodiken, um Aussagen über essentielle Systemeigenschaften treffen zu können. Ein Fehlerszenario wäre zum Beispiel folgendes: Ein fahrendes Automobil überträgt Brems- und Lenksignale via FlexRay. Nun werden alle FlexRay-Kanäle durch elektromagnetische Strahlung gestört, so dass kurzzeitig keine Kommunikation möglich ist. Nachdem die Störung aufhört, müssen die Steuergeräte den Startup zwecks Synchronisation durchlaufen. Eine essentielle Systemeigenschaft ist in diesem Szenario, dass die Startup-Prozedur immer nach einer genügend kurzen Zeit terminiert. So kann gewährleistet werden, dass das Auto nur so lange manövrierunfähig ist wie die Störung auf den Kanälen anhält. Terminierung innerhalb eines beschränkten Zeitintervalls ist also sehr wichtig. Um diese Eigenschaft zu validieren, benutzen wir Model Checking.

2   Model Checking via DT-SPIN

Das funktionale Verhalten von FlexRay wird durch die *Specification and Description Language (SDL)* beschrieben. SDL wurde ursprünglich für Telefonanwendungen entwickelt und ist geeignet, um Hardware auf einer abstrakten Ebene von kommunizierenden Prozessen zu spezifizieren. Das lokale Verhalten eines Prozesses wird dabei durch eine *Finite State Machine (FSM)* beschrieben. Die interprozedurale Kommunikation erfolgt asynchron über gepufferte Kanäle.

Model Checking ist ein geeignetes Verfahren, um Deadlocks, Livelocks, Über- und Unterspezifikationen oder Fehler allgemeiner Art aufzudecken. Ausgehend von einem formalen Modell M und einer Eigenschaft φ bestimmt der Model Checker, ob $M \models \varphi$ gilt. Der Model Checker hat, sofern er terminiert, zwei mögliche Ausgaben:

1. $M \vDash \varphi$, d.h. M erfüllt immer Eigenschaft φ
2. $M \nvDash \varphi$, d.h. φ ist nicht allgemein gültig. Einige Model Checker liefern außerdem Informationen darüber wie es zur Verletzung kommen kann.

Um Model Checking für FlexRay zu verwenden brauchen wir zunächst ein formales Modell der Spezifikation und außerdem einen Model Checker, der es verarbeiten kann. Wir haben die *PROcess MEta LAnguage (PROMELA)* gewählt, mit der Erweiterung zur Modellierung von diskreter Zeit [1]. Sie ist SDL sehr ähnlich, und es existieren automatische Übersetzer [2,10,15,21]. Als Model Checker verwenden wir *DT-SPIN*[2].

3   Experimente

Die folgenden Ergebnisse liegen einer als angemessen betrachteten Cluster-Konfiguration zugrunde. Die FlexRay-Spezifikation erlaubt Parametersätze, die auch ohne Model Checking offensichtlich kein fehlertolerantes Verhalten erlauben. Einzelheiten zu diesem Thema findet man in der zugrunde liegenden Masterarbeit.

---

[2] http://www.spinroot.com

3.1   Wakeup

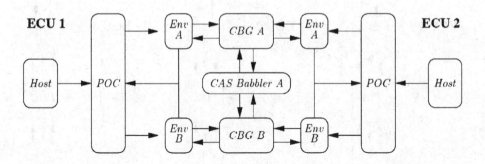

Abb. 5. Modell-Architektur für den Wakeup-Prozess

Das PROMELA Modell für die Wakeup-Phase umfasst zwei FlexRay Knoten ECU 1 und ECU 2 (vgl. Abbildung 5). Jeder Knoten besteht aus jeweils einer $Host$-Applikation, dem POC und zwei Prozessen Env_A und Env_B, die für Kanal A und B die Kommunikation abstrahiert darstellen. Um einen Konflikt erzielen zu können wecken beide Knoten den gleichen Kanal. Es kann optional eine Bus- oder Sterntopologie gewählt werden. Die Sternkoppler beinhalten zusätzliche Funktionen, um als *Central Bus Guardian (CBG)* agieren zu können. Ein CBG soll die Fehlertoleranz erhöhen und kann hierfür unter anderem Knoten ausschließen, die nicht innerhalb ihres zugewiesenen Zeitschlitzes senden. Ein *CAS-Babbler*-Prozess kann optional verwendet werden, um ein Fehlerszenario zu simulieren, in dem ein Knoten in einer konstanten Frequenz CAS-Symbole auf Kanal A sendet.

Mit Hilfe des Model Checkers kann jede der folgenden Eigenschaften in weniger als einer Sekunde gezeigt werden:

- In einem fehlerfreien Szenario terminiert der Wakup-Vorgang immer.
- Wenn einer der beiden Knoten an einer beliebigen Stelle permanent ausfällt und nichts mehr sendet (*Fail-Silent*), terminiert die Prozedur ebenfalls immer (mit und ohne CBG).
- Wenn einer der beiden Knoten periodisch neu gestartet wird, kann es zu einem endlosen Wakeup-Vorgang kommen (ohne CBG).
- Ein CAS-Babbler wird nicht toleriert, das heißt der Wakeup-Prozess terminiert unter gewissen Umständen nicht (mit und ohne CBG).
- Mit einer von uns angepassten Host-Applikation wird ein CAS-Babbler toleriert (mit und ohne CBG).

3.2   Startup

Die Modellarchitektur für den Startup-Prozess ist ähnlich zum Wakeup (vgl. Abbildung 6). Aufgrund der erhöhten funktionalen Komplexität im Vergleich zum

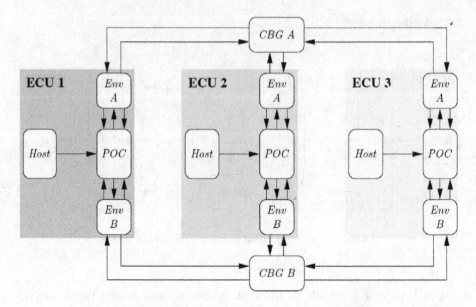

Abb. 6. Modell-Architektur für den Startup-Prozess

Coldstarters	Non-coldstarters	Channels	WCET	Memory	Time
2	1	A	15 cycles	3.989MB	0m3s
3	0	A	15 cycles	7.193MB	0m8s
2	1	A & B	15 cycles	1079.538MB	84m2s
3	0	A & B	-	1782.544MB	149m45s

Abb. 7. Model Checking-Performanz im fehlerfreien Fall

Wakeup stößt man allerdings schnell an die Grenzen und Hauptprobleme von Model Checking. Der zu überprüfende Zustandsraum eines Modells wächst exponentiell mit der Anzahl und Komplexität der beinhalteten Prozesse. Abbildung 7 zeigt wie viel Zeit und Speicher der Model Checker braucht, um zu zeigen, dass die *Worst Case Execution Time (WCET)* im fehlerfreien Fall 15 TDMA-Zyklen beträgt. Man sieht, dass zum einen die Anzahl der Teilnehmer und zum anderen die Funktion der Knoten die Anforderungen an den Model Checker erhöhen (ein Coldstarter ist in seinem Verhalten sehr viel komplexer als ein Non-Coldstarter).

Im folgenden werden die Model Checking Ergebnisse für die Startup-Prozedur aufgeführt. Details und Informationen zur Verifikationsperformanz bezüglich der verschiedenen Fehlerszenarios findet man in der Masterarbeit.

- Ein Fail-Silent-Knoten wird toleriert, die WCET ist 29 Zyklen.
- Ein Fail-Silent-Kanal (inkl. CBG) wird toleriert, die WCET ist 15 Zyklen.
- Ein sich selbst neu startender Knoten wird toleriert, die WCET ist 41 Zyklen.

– Ein CAS-Babbler wird nicht toleriert. Es kann bei ungünstigen Frequenzen passieren, dass der CBG alternierend einen korrekten- und den fehlerhaften Knoten temporär aus dem System ausschließt.

4 Zusammenfassung

Model Checking eignet sich in der angewendeten Form aus mehrerer Hinsicht für die Verbesserung eines Systems wie FlexRay.

Es ist zum einen in der Lage, Fehler in einer Spezifikation aufzudecken. So konnte gezeigt werden, dass ohne die Verwendung eines Central Bus Guardian Terminierungseigenschaften der untersuchten Prozeduren verletzt werden können. Der Startup-Prozess kann zudem in der aktuellen Version auch mit CBG ein CAS-Babbler nicht zuverlässig tolerieren.

Model Checking kann aber außerdem auch das Vertrauen in die Funktion eines Systems erhöhen, indem man Eigenschaften verifiziert. So konnten nicht nur Teile des bestehenden FlexRay-Systems bezüglich Fehlertoleranz verifiziert werden, sondern auch die Funktion unserer Host-Applikation zur Verbesserung des Wakeups.

Die Hauptschwierigkeit stellt die Modellierung des zu untersuchenden Systems dar: Model Checking kann nicht mit beliebig komplexen Systemen umgehen, so dass es der Optimierung und Abstraktion bedarf. Für die Untersuchung von FlexRay musste das Modell mehrere Zyklen eines evolutionären Prozesses durchlaufen, bis die gezeigten Ergebnisse abgeleitet werden konnten.

Das PROMELA-Modell ist generisch ausgelegt und leicht zu erweitern. Die Ähnlichkeiten zwischen PROMELA und SDL begünstigen ein schnelles Verständnis des Modells für Entwickler, die mit der FlexRay-Spezifikation vertraut sind. So betrachten wir unser Modell als gute Grundlage zur Untersuchung weiterer Eigenschaften. Ein Beispiel wäre zum Beispiel die Einführung von elektromagnetischen Störungen in den Kanälen. Außerdem können Funktionen in kommenden FlexRay-Versionen mit der Hilfe unseres Modells validiert werden.

Literaturverzeichnis

1. Dragan Bosnacki and Dennis Dams. Discrete-Time Promela and Spin. In *FTRTFT '98: Proceedings of the 5th International Symposium on Formal Techniques in Real-Time and Fault-Tolerant Systems*, pages 307–310, London, UK, 1998, Springer.
2. Dragan Bosnacki and Dennis Dams and Leszek Holenderski and Natalia Sidorova. Model Checking SDL with Spin. In *TACAS '00: Proceedings of the 6th International Conference on Tools and Algorithms for Construction and Analysis of Systems*, pages 363–377, London, UK, 2000, Springer.
3. Sven Bünte. Fault Tolerance Analysis of the FlexRay Startup Procedure Using Model Checking. Master's thesis, Saarland University, 2007.
4. Flexray Consortium. FlexRay Communications System Preliminary Central Bus Guardian Specification Version 2.0.9. Available at: http://www.flexray.com/, 2005.

5. Flexray Consortium. FlexRay Communications System Electrical Physical Layer Specification Version 2.1 Revision A. Available at: http://www.flexray.com/, 2006.
6. Flexray Consortium. FlexRay Communications System Protocol Specification Version 2.1 Revision A.12. Available at: http://www.flexray.com/, 2006.
7. J.-C. Geffroy and G. Motet. *Design of Dependable computing Systems.* Kluwer Academic Publishers, 2002.
8. Hermann Kopetz and Günter Grünsteidl. TTP-A Protocol for Fault-Tolerant Real-Time Systems. *Computer*, 27(1):14–23, 1994.
9. Hermann Kopetz and Günther Bauer. The Time-Triggered Architecture. *Proceedings of the IEEE, Special Issue on Modeling and Design of Embedded Software*, Oct 2001.
10. Gerard J. Holzmann and Joanna Patti. Validating SDL Specifications: an Experiment. In *Proceedings of the IFIP WG6.1 Ninth International Symposium on Protocol Specification, Testing and Verification IX*, pages 317–326, Amsterdam, 1990.
11. Hermann Kopetz. On the Fault Hypothesis for a Safety-Critical Real-Time System. Workshop on Future Generation Software Architectures in the Automotive Domain, 2004.
12. Markus Krug and Hermann Kopetz et al.. Towards an Architecture for Safety Related Fault Tolerant Systems in Vehicles. *ESREL '97*, Portugal, 1997.
13. Karl-Thomas Neumann and Hermann Kopetz and Pierre Malaterre and Will Specks. Architectural Leadership in the Automotive Industry. Research Report 13/2000, Technische Universität Wien, Institut für Technische Informatik, Vienna, Austria.
14. P.G. Neumann. *Computer Related Risks.* Addison Wesley, 1995.
15. Natalia Sidorova and Martin Steffen. Verifying Large SDL-Specifications Using Model Checking. In *SDL '01: Proceedings of the 10th International SDL Forum Copenhagen on Meeting UML*, pages 403–420, London, UK, Springer, 2001.
16. Wilfried Steiner. *Startup and Recovery of Fault-Tolerant Time-Triggered Communication.* PhD thesis, Technische Universität Wien, Institut für Technische Informatik, Vienna, Austria, 2004.
17. Wilfried Steiner. An Assessment of FlexRay 2.0, 2005.
18. Wilfried Steiner. Model-Checking Studies of the FlexRay Startup Algorithm. Research Report 57/2005, Technische Universität Wien, Institut für Technische Informatik, Vienna, Austria, 2005.
19. Wilfried Steiner and Hermann Kopetz. The Startup Problem in Fault-Tolerant Time-Triggered Communication. *International Conference on Dependable Systems and Networks (DSN 2006)*.
20. N. Storey. *Safety-critical Computer Systems.* Addison Wesley, 1996.
21. Heikki Tuominen. Embedding a Dialect of SDL in PROMELA. In *Proceedings of the 5th and 6th International SPIN Workshops on Theoretical and Practical Aspects of SPIN Model Checking*, pages 245–260, London, UK, Springer, 1999.

Konzeption und Entwicklung eines echtzeitfähigen Lastgenerators für Multimedia-Verkehrsströme in IP-basierten Rechnernetzen

Andrey Kolesnikov

Universität Hamburg, Fakultät für Mathematik, Informatik und Naturwissenschaften,
Department Informatik, Arbeitsgruppe TKRN, Vogt-Kölln-Str. 30, 22527 Hamburg,
kolesnikov@informatik.uni-hamburg.de

Zusammenfassung. Mit wachsender Komplexität moderner Kommunikations- und Informationssysteme werden entsprechende Leistungsanalysen und Verhaltensprognosen unter verschiedenen Lastszenarien für solche Systeme zunehmend von Bedeutung sein. Der Bedarf nach geeigneten Werkzeugen zur Modellierung und Generierung von Lasten steigt somit auch kontinuierlich. In diesem Beitrag wird ein Entwurf für einen echtzeitfähigen Lastgenerator *UniLoG* präsentiert und in Verbindung mit den Adaptern für Lastgenerierung an den Transportdienstschnittstellen TCP und UDP auf seine Leistungsfähigkeit und Präzision hin untersucht.

1 Motivation

Leistungsanalysen und Verhaltensprognosen für heutige Kommunikations- und Informationssysteme werden üblicherweise unter verschiedenen Belastungsniveaus durchgeführt. Der Einsatz von künstlich generierten (synthetischen) Lasten besitzt hierbei gegenüber den Lasten aus einer realen Anwendung die Vorteile der Reproduzierbarkeit, Skalierbarkeit und Flexibilität in der Parametrisierung sowie eines vergleichsweise geringeren Aufwandes für die Installation von Experiment- und Testumgebungen [1]. Somit steigt der Bedarf nach speziellen Werkzeugen zur Modellierung und Generierung von Lasten an verschiedenen Schnittstellen in solchen Systemen.

Eine in der aktuellen Literatur gängige Methode zur Erzeugung von realitätsnahen künstlichen Lasten besteht in der Realisierung eines Lastgenerators in Form von einem Lastmodell, welches aus umfangreichen Messungen an einem realen Netz abgeleitet wurde. Viele verschiedene modellbasierte Lastgeneratoren zur Erzeugung von realitätsnahen Verkehrsströmen wurden bereits vorgeschlagen [2–4]. Die existierenden Lösungen sind allerdings durch einige wesentliche Einschränkungen und Nachteile gekennzeichnet, wie z.B. geringe Flexibilität bei der Erzeugung verschiedener Lastprofile (resultierend aus der starken Orientierung an einem konkreten Modellierungsfall), fehlende Unterstützung einer formalen Lastspezifikationstechnik und einer Funktion zur Erzeugung von Lastmodellen (die bestehenden Lösungen sind häufig nur Programme, die lediglich ein bestimmtes Modell implementieren), keine saubere Trennung zwischen der

Lastbeschreibung (im Sinne einer Spezifikation abstrakter Aufträge) und der Lastgenerierung, keine Möglichkeit zur Anpassung an die verschiedenen Netzschnittstellen und Vernachlässigung der Abhängigkeit des Benutzerverhaltens von dem Netzzustand bei der Lastmodellierung.

Aus diesen Gründen wurde in [5] eine Architektur für einen verallgemeinerten Lastgenerator *UniLoG* (*Unified Load Generator*) vorgeschlagen, in der verschiedene Lastmodelle mithilfe einer formalen automatenbasierten Lastspezifikationstechnik von den Benutzern des Lastgenerators erstellt werden können, eine strukturierte Methode zur Lastspezifikation an verschiedenen Netzschnittstellen unterstützt wird und die Lastparameter gemäß realen Traces oder analytischen Modellen konfiguriert werden können. Die *UniLoG*-Architektur sollte in [6] so erweitert werden, dass verschiedene Verkehrsströme in Verbindung mit den speziellen Adaptern an den Transportdienstschnittstellen UDP und TCP in Echtzeit generiert werden können und die Abhängigkeit des Benutzerverhaltens vom Netzzustand dabei berücksichtigt wird. Eine besondere Herausforderung lag in der angestrebten hohen Leistungsfähigkeit und Präzision des neuen Tools bei der Auftragsgenerierung an der gewählten Zielschnittstelle.

2   Eine formale Methode zur Lastspezifikation

Der Einsatz von künstlich generierten Lasten bei Lastmodellierung mit *UniLoG* wird durch eine formale Methode zur Lastspezifikation unterstützt (erarbeitet in [7] und erweitert in [5]), die aus folgenden vier Schritten besteht:

1. Festlegung der Zielschnittstelle *IF* für die Lastmodellierung (z.B. einer Transportdienstschnittstelle wie TCP oder UDP), wodurch eine konzeptionelle Trennung zwischen der lastgenerierenden Umgebung E und dem auftragsbearbeitenden (Bedien-)System S vorgenommen wird.
2. Spezifikation der möglichen abstrakten Auftragstypen und ihrer Attribute (z.B. der Auftragstyp SEND_PACKET zur Modellierung eines Paketversendeauftrags mit einem typischen Auftragsattribut PACKET_LENGTH).
3. Spezifikation der möglichen Auftragssequenzen durch einen zustandsbasierten Benutzerverhaltensautomaten (*BVA*).
4. Spezifikation der Attributwerte und der Übergabezeitpunkte der abstrakten Aufträge an *IF* in einem parametrisierten *BVA* (*PBVA*).

Eine solche Technik erlaubt es, die an der Schnittstelle IF in einem Zeitintervall T angebotene Last L_T als Sequenz von Aufträgen $L_T = (t_i, A_i), 0 \le t_i \le T, i = 1, 2, ..., n$ zu beschreiben (t_i: Übergabezeitpunkt des Auftrags A_i, A_i: ein Auftrag mit dazugehörigen Auftragsattributen). Die Lastspezifikationstechnik verwendet einen *Benutzerverhaltensautomaten* (*BVA*) U $= \{\varphi_i, \varphi_a, \varphi_b, \varphi_t, T_\varphi\}$ zur Beschreibung des Lastgenerierungsprozesses. Dabei sind φ_i, φ_a, φ_b, φ_t die sog. Makrozustände des *BVA* und T_φ ist die Menge der Transitionen (Übergänge) zwischen diesen Makrozuständen (kurz *M-Zuständen*, vgl. Abb. 1).

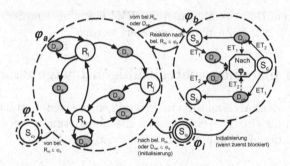

Abb. 1. Eine exemplarische Verfeinerung der Makrozustände eines BVA

Die einzelnen *M-Zustände* sind wie folgt definiert:

- φ_i: der *Initialisierungszustand*, in dem sich der Benutzer vor dem Start der Lastgenerierung befindet. Der Lastgenerierungsprozess wird gestartet durch Verlassen von φ_i zu einem bestimmten Zeitpunkt τ_0.
- φ_a: *aktiver M-Zustand*, bestehend aus einer Menge von auftragserzeugenden Zuständen (*R-Zuständen*) und Verzögerungszuständen (*D-Zuständen*).
- φ_b: *blockierter M-Zustand*, in dem das Warten des Benutzers auf Systemreaktionen explizit modelliert wird.
- φ_t: *terminierter M-Zustand*, beim Erreichen von φ_t wird die Auftragsgenerierung sofort beendet.

Jeder Makrozustand besteht aus der Menge weiterer *Zustände*, in denen die Spezifikation des Benutzerverhaltens weiter verfeinert wird:

- *S-Zustände*: hier muss ein Ereignis abgewartet werden, bevor der Zustand verlassen werden kann. Mögliche Ereignisse sind die *Initialisierung* (im einzigen Zustand S_α des M-Zustands φ_i) und die *Termination* (im einzigen Zustand S_ω des M-Zustands φ_t) des Lastgenerierungsprozesses sowie die *Reaktionen*, die in dem blockierten M-Zustand φ_b modelliert werden. Mögliche Reaktionen werden in Reaktionstypen ET_1, ET_2, ..., ET_n klassifiziert.
- *R-Zustände*: hier werden Aufträge exakt eines bestimmten Typs generiert. Nach der Generierung des nächsten Auftrags wird der Zustand sofort verlassen. R-Zustände sind nur in dem aktiven M-Zustand φ_a enthalten.
- *D-Zustände*: hier werden die Verzögerungen vor der Generierung des nächsten Auftrags (die Zwischenankunftszeiten der Aufträge) in φ_a bzw. die Dauer der Verarbeitung und der Interpretation einer Systemreaktion in φ_b modelliert.

Für die Parametrisierung des *BVA* können die Dauer der Verzögerungen in den D-Zuständen und die Werte der Auftragsattribute durch konstante Werte, Traces, Wahrscheinlichkeitsverteilungen oder spezielle Prozeduren angegeben und die Transitionen im *BVA* können durch Traces, Übergangswahrscheinlichkeiten oder spezielle Prozeduren spezifiziert werden. Die Eingabedaten für den *BVA* sind die externen Ereignisse, welche die Reaktionen des Systems an den

BVA signalisieren. Die Ausgabedaten des *BVA* liegen als eine Sequenz von Aufträgen vor, die in den R-Zuständen generiert werden.

3   Entwurf für einen echtzeitfähigen Lastgenerator

In der bestehenden Architektur eines verallgemeinerten Lastgenerators *UniLoG* [5] werden die einzelnen Schritte des Lastgenerierungsprozesses durch entsprechende funktionale Komponenten abgebildet (vgl. Abb. 2):

- PLM (*Prerequisites for Load Models*): Erstellen des Lastmodells an einer wohldefinierten Zielschnittstelle *IF* in Form eines BVAs.
- ELM (*Executable Load Models*): Konfigurierung der möglichen Lastparameter (z.B. der Werte der Auftragsattribute und der Übergabezeitpunkte der Aufträge) in einem parametrisierten BVA (*PBVA*).
- GAR (*Generator for Sequences of Abstract Requests*): Generierung von *abstrakten Aufträgen* gemäß Parameterspezifikationen im Lastmodell und Übergabe dieser Aufträge zu den spezifizierten Übergabezeitpunkten an die auftragsausführenden Komponenten.
- EEM (*Experimental Evaluation Module*): Modul zur stochastischen Analyse und Visualisierung des generierten Verkehrs.
- ADAPT (*Adapter*): Konvertierung der *abstrakten Aufträge* in *reale Aufträge* an der Zielschnittstelle *IF* und Übergabe der realen Last an das Netz.

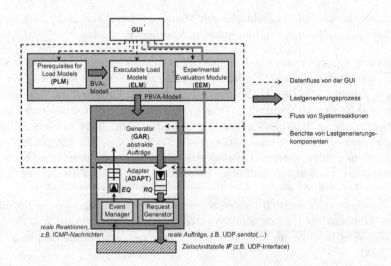

Abb. 2. Hauptkomponenten eines verallgemeinerten Lastgenerators UniLoG

Die konzeptionelle Trennung zwischen der Lastspezifikation und der Lastgenerierung wird in diesem Entwurf durch die explizite Unterscheidung zwischen der Generierung von *abstrakten Aufträgen* gemäß BVA-Modell in GAR und der Generierung von *realen Aufträgen* an *IF* in ADAPT unterstützt.

Die Hauptanforderung an den neuen Lastgenerator ist die Unterstützung der Systemabhängigkeit im Lastgenerierungsprozess (*reaktive Modellierung*, [1]). Dafür müssen die potentiell möglichen Blockierungszustände der Benutzer in den *S-Zuständen* des BVA-Modells abgebildet und auftretende Systemreaktionen im Adapter erfasst und verarbeitet werden, indem sie z.B. in Form von *abstrakten Reaktionsnachrichten* an die GAR-Komponente übergeben werden. Das Eintreffen einer entsprechenden Reaktionsnachricht vom Adapter ermöglicht die Bestimmung des Nachfolgers für den Blockierungszustand im BVA-Modell.

Die Komponenten GAR und ADAPT müssen also im neuen Entwurf nebenläufig ausgeführt werden, da die Generierung von abstrakten Aufträgen in GAR von den potentiell möglichen Systemreaktionen in ADAPT abhängig ist.

Zwischen GAR und ADAPT besteht eine bidirektionale 'Produzenten-Konsumenten'-Beziehung. Der Generator produziert in den R-Zuständen des BVA *abstrakte Aufträge* und fügt sie in die Auftragswarteschlange RQ des Adapters ein. Diese Aufträge werden von dem Adapter konsumiert, indem sie um die schnittstellen-spezifischen Attribute bzw. um die fehlenden Attributwerte ergänzt und als *reale Aufträge* zum spezifizierten Übergabezeitpunkt an IF ausgeliefert werden. Der Adapter erfasst die Systemreaktionen an IF und produziert entsprechende abstrakte Reaktionsnachrichten in der Reaktionswarteschlange EQ. Diese Reaktionsnachrichten werden vom Generator konsumiert, indem z.B. der Nachfolger des aktuellen Blockierungszustandes im BVA ermittelt wird.

Besondere Randbedingungen für den Entwurf der Teilkomponenten GAR und ADAPT bilden folgende Umstände (vgl. Abb. 2):

1. die Warteschlangen RQ und EQ haben eine beschränkte Kapazität
2. Prozesse sollen nur dann aktiv sein, wenn die zu bedienende Warteschlange nichtleer ist
3. alle Aufträge sind zeitkritisch (die Übergabezeitpunkte sind einzuhalten).

Da die Warteschlangen in diesem Entwurf im gemeinsam genutzten Speicher liegen, soll zur Lösung der Probleme (1) und (2) zunächst der wechselseitige Ausschluss für den Generator und den Adapter beim Zugriff auf RQ und EQ realisiert werden. Darüber hinaus ist eine explizite Synchronisation zwischen dem Generator und dem Adapter erforderlich, um z.B. das Einfügen eines Auftrags in die volle RQ bzw. das Entnehmen eines Auftrags aus der leeren RQ zu verhindern (das Gleiche gilt für die Reaktionen in der EQ). Die Einhaltung der Echtzeitanforderungen (3) im Bezug auf die Auslieferung der realen Aufträge zu präzise spezifizierten Übergabezeitpunkten wird insbesondere durch folgende Faktoren erschwert:

- *nicht-vernachlässigbare Verarbeitungszeiten*: alle an der Lastgenerierung beteiligten Komponenten und Prozesse benötigen zur Bearbeitung des nächsten generierten Auftrags eine bestimmte Verarbeitungszeit
- *betriebssystembedingte Faktoren*: Einfluss anderer Prozesse im Multitasking-Betrieb
- *modellbedingte Faktoren*: Besonderheiten in der zu generierenden Auftragssequenz, z.B. stoßweises Auftragsaufkommen ("Bursts").

Die Verarbeitungszeiten der einzelnen Komponenten lassen sich generell nicht beseitigen. Die einzigen Möglichkeiten, die Verarbeitungszeiten zu verringern, sind die Optimierung der Modellausführung in GAR, der Einsatz einer leistungsfähigeren Hardware bzw. die Parallelisierung der Modellausführung unter Nutzung von mehreren Maschinen. Alternativ wäre die Vorbereitung einer bestimmten Anzahl von Aufträgen im Voraus sinnvoll, soweit die Abhängigkeit des Benutzerverhaltens von den Systemreaktionen dies ermöglicht.

Die betriebssystembedingten Faktoren resultieren i.d.R. aus dem Multitasking-Betrieb. Der Betriebssystem-Scheduler kann z.B. einen anderen Prozess aktivieren, obwohl in dem Adapter gerade kritische Aufträge zur Versendung vorliegen. Die sicherste Methode hier wäre die Verwendung eines Echtzeit-Betriebssystems wie z.B. *Windows CE* bzw. *RTLinux* [8]. Weitere Möglichkeiten sind die Verwendung einer dedizierten Station zur Lastgenerierung und gezieltes Abschalten störender (Hintergrund-)Prozesse. In dieser Arbeit wurde der Lastgenerator zunächst auf der Basis eines nicht echtzeitfähigen Betriebssystems (*Windows XP*) entwickelt, wobei ein Übergang zu einem Echtzeitbetriebssystem später ohne grundlegende Änderungen der Architektur vorgenommen werden kann. Besonderheiten in der zu generierenden Auftragssequenz, z.B. die sog. Auftragsbursts, können letztlich mit Hilfe der Beobachtung von Dringlichkeit der abstrakten Aufträge und gezielter vorzeitiger Aktivierung des Adapters bewältigt werden, soweit die Auftragszwischenankunftszeiten die maximal benötigte Verarbeitungszeit T_{ADAPT} in dem Adapter nicht unterschreiten.

3.1 Generator abstrakter Aufträge GAR

Die Komponente GAR ist zuständig für die Ausführung des PBVA-Modells und die Erzeugung einer Sequenz von abstrakten Aufträgen (t_i, r_i), wobei t_i den physikalischen Übergabezeitpunkt des Auftrags r_i darstellt. Bei den Übergabezeitpunkten der Aufträge wird zwischen den *logischen Zeiten* im PBVA-Modell und den *physikalischen Zeiten* in der generierten Sequenz von abstrakten Aufträgen unterschieden. Die Konvertierung der logischen in die physikalischen Zeiten nimmt der Generator während der Erzeugung des nächsten abstrakten Auftrags vor. Im Initialisierungszustand φ_i des PBVA ist die logische Zeit im Generator gleich Null. Der Lastgenerierungsprozess beginnt mit dem Verlassen des Initialisierungszustandes φ_i zum physikalischen Zeitpunkt τ_0. Der physikalische Übergabezeitpunkt t_i des nächsten Auftrags ergibt sich aus dem spezifizierten logischen Übergabezeitpunkt im PBVA plus die physikalische Zeit τ_0, zu der der Lastgenerator gestartet wurde (vgl. Abb. 3).

Während der Ausführung des PBVA werden in den R-Zuständen abstrakte Aufträge als Objekte mit dazugehörigen Attributen erzeugt, mit dem physikalischen Übergabezeitpunkt versehen und am Ende von RQ eingestellt, so dass der nächste zu versendende Auftrag stets im Kopf der RQ steht.

In der echtzeitfähigen Version bereitet der Generator abstrakte Aufträge im Voraus vor, solange er nicht in den blockierten Makrozustand φ_b des PBVA gelangt, nicht terminiert ist und die Warteschlange RQ nicht voll wird. Die

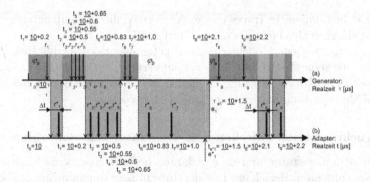

Abb. 3. Start des Lastgenerators um $\tau_0 = 10$ Uhr physikalischer Zeit; (a) abstrakte Aufträge (t_i, r_i) generiert von GAR; (b) reale Aufträge (t_i, r_i^*) generiert von ADAPT.

logische Uhr in GAR darf aus diesem Grund der *physikalischen Uhr* in ADAPT (die der realen Systemzeit entspricht) vorgehen (vgl. Abb. 3).

In dem blockierten Makrozustand φ_b des PBVA ist der Generator *konzeptionell passiv* (d.h. der Lastgenerierungsprozess befindet sich in einem blockierten Zustand in Erwartung bestimmter oder unerwarteter Systemreaktionen), *programmtechnisch* kann er jedoch sowohl *aktiv* als auch *passiv* realisiert werden. Bei der passiven Realisierung kann das aktive Warten des Generators auf die Reaktionsnachrichten in *EQ* vermieden werden. Wenn eine Systemreaktion vorliegt, kann der Adapter eine entsprechende Nachricht in *EQ* erzeugen und den Generator aktivieren, der dann abhängig vom Reaktionstyp den nächsten Zustand im PBVA bestimmen und seine logische Uhr entsprechend dem Zeitpunkt der Entblockierung fortschalten kann. Der Generator befindet sich danach wieder in dem aktiven *M-Zustand* φ_a.

3.2   Der Adapter

Der schnittstellenspezifische Adapter ist verantwortlich für die Konvertierung der abstrakten Aufträge aus *RQ* in reale Aufträge an *IF* sowie für die Erfassung von Systemreaktionen an *IF* und Generierung von entsprechenden abstrakten Reaktionsnachrichten in *EQ*.

Reale Aufträge (t_i, r_i^*) erzeugt der Adapter durch den Aufruf entsprechender Dienstprimitiven (i.d.R. als API-Funktionen vorhanden) an der Schnittstelle *IF* zu den physikalischen Übergabezeitpunkten t_i, die vom Generator in den abstrakten Aufträgen (t_i, r_i) eingetragen wurden (vgl. Abb. 3). Dabei wendet der Adapter die Konvertierungsvorschriften an, die von dem Experimentator während der Spezifikation des BVA für die abstrakten Auftragstypen und -attribute eingetragen wurden. Die in der BVA-Spezifikation fehlenden Attribute, die Pflichtparameter der entsprechenden Dienstprimitiven darstellen, werden mit Standardwerten aus dem PBVA belegt.

In diesem Entwurf werden die Reaktionsnachrichten zunächst gemäß einem *lokalen reaktiven Modell*, d.h. gemäß den Spezifikationen in dem blockierten Makrozustand φ_b des PBVA generiert. Für die Parametrisierung von Reaktionen können z.B. lastabhängige Traces verwendet werden, die aus umfangreichen Messungen in einem realen Netz gewonnen werden [9].

Die Auslagerung der Modellierung von netzabhängigen Aktivitäten des Benutzers in eine separate Adapter-Komponente ermöglicht später die Einbindung von *verteilten reaktiven Modellen*, in denen die Systemreaktionen gemäß dem PBVA-Modell der Empfängerinstanz generiert werden.

3.3   Synchronisation zwischen dem Generator und dem Adapter

Zwischen dem Generator und dem Adapter besteht eine beidseitige 'Produzenten-Konsumenten'-Beziehung mit der Interprozesskommunikation über den gemeinsam genutzten Speicher (Warteschlangen RQ und EQ). In der Lösung des klassischen 'Produzenten-Konsumenten' -Problems mit Semaphoren ist der Konsument anfänglich blockiert (RQ leer). Der Produzent fängt an, Aufträge zu erzeugen, und blockiert, wenn RQ voll wird. Dabei kann der Scheduler die Kontrolle vom Produzenten (GAR) an den Konsumenten (ADAPT) nach dem Einfügen des nächsten abstrakten Auftrags in die RQ bzw. vom Konsumenten an den Produzenten nach der Bearbeitung eines Auftrags aus der RQ übergeben.

Bei einer fairen Bedienstrategie (z.B. *Round Robin*) würde also eine Abwechslung (Alternation) des Generators und des Adapters beim Zugriff auf RQ stattfinden. Im Falle zeitkritischer Aufträge wäre dies insbesondere bei Unregelmäßigkeiten in der zu generierenden Auftragssequenz (*Bursts*) und steigenden Verarbeitungszeiten im Generator (hervorgerufen z.B. durch den Einsatz komplexerer Lastmodelle) nicht effizient, da der Übergabezeitpunkt (die *Dringlichkeit*) der Aufträge nicht berücksichtigt bliebe. Der Scheduler des Betriebssystems könnte z.B. den Generator genau dann aktivieren, wenn Aufträge zur Versendung vorliegen und der Adapter aktiviert werden sollte. Allein durch die Vergabe entsprechender Prioritäten für den Generator und den Adapter lässt sich das Problem nicht lösen. An dieser Stelle wird eine Synchronisationsmethode benötigt, bei der die Entscheidung über die Aktivierung des Generators oder des Adapters *anhand der Dringlichkeit der abstrakten Aufträge* getroffen wird. Wir nennen einen Auftrag A *dringend (urgent)* zum Zeitpunkt t_{NOW}, wenn bis zu seinem physikalischen Übergabezeitpunkt t_{NEXT} weniger als eine festgelegte Zeit Δt übrig bleibt: $(t_{NEXT} - t_{NOW}) < \Delta t$.

Die Hauptidee besteht darin, den Generator nach der Erzeugung jedes abstrakten Auftrags überprüfen zu lassen, ob der Auftrag im Kopf der Warteschlange RQ (also der nächste vom Adapter zu bearbeitende Auftrag) dringend geworden ist und, wenn ja, den Adapter gezielt zu aktivieren. Wird Δt in der Definition des dringenden Auftrags genau auf die Bearbeitungszeit T_{ADAPT} des Auftrags in dem Adapter gesetzt, steht der Auftrag im Adapter um $T_{ADAPT}[\mu s]$ früher zur Verfügung und kann gerade rechtzeitig an *IF* übergeben werden (vgl. Abb. 3). Das Δt (die Bearbeitungszeit T_{ADAPT}) kann z.B. durch die durchschnittliche Auftragsbearbeitungszeit $T_{MEAN,ADAPT}$ in dem Adapter angenähert werden.

Nach der Übergabe des Auftrags an *IF* sollte der Adapter die Kontrolle an den Generator zurückgeben, es sei denn, der nächste zu bearbeitende Auftrag ist dringend geworden oder der Generator befindet sich im blockierten *M-Zustand*

φ_b des BVA. Der Generator wäre nur dann aktiv, wenn 1) keine dringenden Aufträge in der RQ sind und 2) die RQ nicht voll ist und 3) der aktuelle Zustand nicht in dem M-$Zustand$ φ_b des BVA liegt. Der Adapter ist aktiv, wenn 1) dringende Aufträge in der RQ vorliegen oder 2) die RQ voll ist oder 3) der Generator sich im M-$Zustand$ φ_b des BVA befindet (vgl. Abb. 3, Details s. [6]).

4 Realisierung und Validierung des Entwurfs

Der skizzierte Entwurf wurde in einer ersten echtzeitfähigen Version des Lastgenerators *UniLoG* zusammen mit dem Adapter für die Schnittstellen UDP und TCP mithilfe von Threads unter Windows im praktischen Teil von [6] realisiert. Für die Generierung von UDP- und TCP-Aufträgen wurden Windows Sockets in der Version 2.2 im Adapter verwendet. Die konzeptionelle Aufgabenteilung zwischen dem Generator und dem Adapter wurde auf den Generator-Thread (zuständig für die Auswertung des PBVA-Modells in Echtzeit) und den Adapter-Thread (zuständig für die Generierung von UDP- und TCP-Aufträgen sowie für die Modellierung von Systemreaktionen) übertragen, die auf einem Prozessor quasi-parallel ausgeführt werden. Im experimentellen Teil der Arbeit [6] wurden zunächst die zu einer umfassenden Validierung des realisierten Tools notwendigen Schritte aufgezeigt. So wurde für verschiedene Lastszenarien überprüft, inwieweit die Längen und die Übergabezeitpunkte der realen UDP- und TCP-Aufträge, die von dem Adapter generiert werden, den Längen und den Übergabezeitpunkten der abstrakten Aufträge im PBVA-Modell entsprechen.

Darüber hinaus wurde der neue Lastgenerator im Rahmen von verschiedenen Experimentserien auf die Grenzen seiner Leistungsfähigkeit und der Präzision hin überprüft. Dabei wurden die maximale erreichbare Datenrate der generierten Verkehrsströme bzw. der Mittelwert und die Varianz der Verteilung von Differenzen zwischen den faktischen und den spezifizierten Übergabezeitpunkten der realen Aufträge als Hauptkriterien zur Bewertung der Leistungsfähigkeit bzw. der Präzision des realisierten Lastgenerators herangezogen. Diese Kriterien haben einen strengen Bezug zu der Schnittstelle *IF*, die von dem Experimentator zur Lastgenerierung gewählt wurde. Für die Ermittlung dieser Größen für den UDP- und den TCP-Adapter wurden in [6] umfangreiche Experimentserien durchgeführt, deren Ergebnisse in Abb. 4 exemplarisch dargestellt sind.

In dem UDP-Adapter lagen z.B. bei einer konstanten Zwischenankunftszeit (ZAZ) der Aufträge von $140[\mu s]$ und einer Auftragslänge von $1472[byte]$ knapp über 98% der Differenzwerte zwischen den spezifizierten und faktisch erzielten Übergabezeitpunkten der UDP-Aufträge unterhalb von $10[\mu s]$ und damit deutlich unter der (auftragslängenabhängigen) Messungenauigkeit des UDP-Adapters (die bei einer Auftragslänge von $1472[byte]$ ca. $\pm 54[\mu s]$ beträgt). Die entsprechende Datenrate des generierten UDP- Auftragsstroms beträgt in diesem Fall $86.51[Mbit/s]$. In dem TCP-Adapter lagen bei einer konstanten ZAZ der Aufträge von $200[\mu s]$ und einer Auftragslänge von $1460[byte]$ ca. 98% der Differenzwerte unterhalb von $20[\mu s]$ und damit ebenfalls unter der (auftragslängenabhängigen) Messungenauigkeit des TCP-Adapters von ca. $\pm 51[\mu s]$ bei dieser Auf-

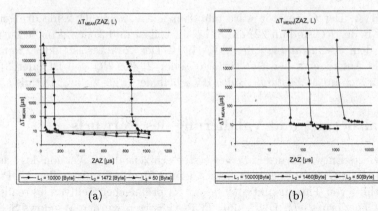

(a)   (b)

Abb. 4. Mittlere Differenz ΔT_{MEAN} zwischen den spezifizierten und den faktischen Übergabezeitpunkten der UDP-Aufträge (a) und der TCP-Aufträge (b) bei verschiedenen Auftragslängen L und konstanten Zwischenankunftszeiten ZAZ.

tragslänge. Die entsprechende Datenrate des generierten TCP-Auftragsstroms beträgt in diesem Fall 60.56[Mbit/s].

Diese recht ermutigenden Ergebnisse bzgl. der Auslieferungsgenauigkeit und der erreichbaren Datenraten der generierten UDP- und TCP-Verkehrsströme haben zum einen die valide praktische Umsetzbarkeit der vorgeschlagenen Architektur und zum anderen eine hohe Präzision und Leistungsfähigkeit des realisierten Lastgenerators *UniLoG* gezeigt.

Literaturverzeichnis

1. Charzinski J, Färber J, Vicari N: Verkehrsmessungen und Lastmodellierung im Internet, PIK, Vol. 25, No. 2, S. 64–72, 2002.
2. Bonelli N, Giordano S, Procissi G: BRUTE – a High Performance and Extensible Traffic Generator, Proc. of SPECTS 2005, Simulation Series, Vol. 37, No. 3, pp. 839–845, 2005.
3. Heegaard PE: Gensyn – a Generator of Synthetic Internet Traffic Used in QoS Experiments, Proc. of 15th Nordic Teletraffic Seminar, Lund, Sweden, pp. 22–24, 2000.
4. Sommers J, Barford P: Self-configuring network traffic generation, Proc. of 4th ACM SIGCOMM Conf. on Internet measurement, Taormina, Sicily, Italy, pp. 68–81, 2004.
5. Cong J: Load Specification and Load Generation for Multimedia Traffic Load in Computer Networks, Dissertation, Shaker, Aachen, 2006.
6. Kolesnikov A: Entwicklung eines echtzeitfähigen Lastgenerators für Multimedia-Verkehrsströme in IP-basierten Rechnernetzen, Diplomarbeit, Universität Hamburg, 2007.
7. Wolfinger B: Characterization of Mixed Traffic Load in Service-Integrated Networks, Systems Science Journal, Vol. 25, No. 2, pp. 65–86, 1999.
8. Real-Time Solutions for Linux, www.fsmlabs.com, letzter Zugriff 20.07.2008.
9. Scherpe C: Emulation gekoppelter Rechnernetze mit lastabhängigem Verzögerungs- und Verlustverhalten, Dissertation, Shaker, Aachen, 2006.

Dynamische Verwaltung Virtuellen Speichers für Echtzeitsysteme

Martin Böhnert, Thorsten Zitterell und Christoph Scholl

Lehrstuhl für Betriebssysteme, Albert-Ludwigs-Universität Freiburg
{boehnert,tzittere,scholl}@informatik.uni-freiburg.de

Zusammenfassung. In der vorliegenden Arbeit beschreiben wir ein neues Konzept, das im Hinblick auf Echtzeitsysteme sowohl virtuelle Speicherverwaltung als auch dynamische Belegungen bzw. Freigaben von Speicher erlaubt. Das Verfahren zielt auf ein effizientes, von Anwendungsdaten unabhängiges Laufzeitverhalten ab und weist bei einer virtuellen Adressraumgröße n für die Operationen Allokation, Freigabe und Zugriff eine Laufzeitkomplexität von $O(\log \log n)$ auf (die Laufzeit ist insbesondere unabhängig von der Anzahl der virtuellen Seiten m der allokierten Region). Da die Größe des virtuellen Adressraums bei einer Architektur fest vorgeben ist, kann die Laufzeit somit als (quasi) konstant betrachtet werden.

1 Einleitung

Virtueller Speicher wird in modernen Betriebssystemen dazu benutzt, individuelle Adressräume für verschiedene Tasks bereitzustellen, Speicherschutzmechanismen zu realisieren und einer Fragmentierung des physikalischen Speichers bei dynamischen Speicherbelegungen und -freigaben entgegenzuwirken. Sowohl der virtuelle Adressraum als auch der physikalische Adressraum wird hierfür in einzelne Seiten vorgegebener Größe eingeteilt. Die Adressen werden jeweils aufgeteilt in eine Seitennummer und einen Offset innerhalb der zugehörigen Seite. Jede der virtuellen Seiten kann auf einen physikalischen Speicherbereich abgebildet werden, indem die jeweilige Zuordnung der virtuellen Seitennummer zur physikalischen Seitennummer in einer Seitentabelle eingetragen wird. Die Übersetzung virtueller Adressen in physikalische Adressen zur Laufzeit, also das Nachschlagen eines Eintrags in der Seitentabelle, wird meist mit hardwareseitiger Unterstützung durch eine *Memory Management Unit (MMU)* realisiert. Gängige Strukturen zur Organisation einer Seitentabelle sind beispielsweise direkte, hierarchische oder invertierte Tabellen [1].

Während sich die Seitentabelle nur um die Abbildung des virtuellen Speichers kümmert, sind für Verwaltung dynamischer Belegungen und Freigaben von Speicherseiten weitere Datenstrukturen und Algorithmen notwendig. Das Betriebssystem muss den Speicher so organisieren, dass freie Seiten bei Bedarf gefunden, sowie freigegebene Seiten wieder benutzt werden können. Gut vorhersagbare und schnelle Laufzeiten für beliebige Speicherbelegungen und -freigaben zu erzielen, die nicht von den aktuellen Eingaben abhängen, stellt jedoch für die bekannten Implementierungen von General-Purpose-Systemen eine große Schwierigkeit dar. So würde eine explizite Freigabe einer Speicherregion über m virtuelle Seiten auch eine Freigabe der zugehörigen physikalischen Seiten notwendig machen. Dies würde ein Durchlaufen der Seitentabelle in $O(m)$ mit jeweiliger Freigabe der entsprechenden physikalischen Seiten bedeuten. Auch wenn auf eine explizite Freigabe verzichtet wird, um bei Neubelegungen von Speicher durch den aktuellen Prozess diesen Speicher einfach wiederverwenden zu können, müssen die entsprechenden Speicherseiten zumindest in $O(m)$ markiert werden.[1] Ähnliche Überlegungen gelten auch für Belegung eine Region von m Speicherseiten.

Im Allgemeinen lässt sich feststellen, dass die impliziten Mechanismen moderner General-Purpose-Betriebssysteme, wie z.B. bei Linux, auf eine niedrige *durchschnittliche* Laufzeit optimiert sind. Wiedergewinnung von freier Speicherseiten erfolgt meist erst, wenn der Speicher knapp wird. Obwohl mit dieser Vorgehensweise in der Regel eine hohe mittlere Effizienz erreicht wird, so ist ein wesentlicher Nachteil, dass sich die Laufzeiten bei hoher Speicherauslastung erhöhen. In sicherheits- und zeitkritischen Systemen wird deshalb üblicherweise auf die dynamische Verwaltung von virtuellem Speicher gänzlich verzichtet, da sowohl bei expliziten als auch impliziten Mechanismen das Worst-Case-Verhalten schwer abschätzbar ist.

Für Echtzeitsysteme wurde in [2, 3] ein Allokator (TLSF) vorgestellt, der Speicherbelegungen und -freigaben unabhängig von den Anwendungsdaten in konstanter Zeit durchführt (bei fester virtueller Adressraumgröße). Dieser arbeitet jedoch nur direkt auf der Ebene des physikalischen Speichers, eine Lösung in Kombination mit virtueller Speicherverwaltung wurde nicht vorgestellt. Ebenfalls in Hinblick auf Echtzeitsysteme wurde in [4] ein Ansatz vorgestellt, der virtuelle Speicherregionen in Intervallen organisiert, die linear auf einen physikalischen Bereich abgebildet werden. Die hinzugefügten Einträge werden nach virtuellen Basisadressen sortiert abgelegt und es wird zur Laufzeit mit binärer Suche wieder darauf zugegriffen. Durch die lineare Abbildung virtueller Speicherregionen auf physikalische Speicherseiten ergibt sich hierbei aber das Problem einer mit der Laufzeit zunehmenden Fragmentierung des physikalischen Speichers trotz virtueller Speicherverwaltung. Weiterhin ist die Laufzeitkomplexität für Manipulationen nicht unabhängig von der Anzahl der Einträge in der Seitentabelle.

Mit unserer Arbeit wollen wir ein neuartiges Konzept zur dynamischen Verwaltung virtuellen Speichers vorstellen, welches bei einer virtuellen Adressraumgröße n für die Operationen Allokation, Freigabe und Zugriff eine Laufzeitkomplexität von $O(\log\log n)$ aufweist. Die Besonderheit des Verfahrens ist, dass die Laufzeit unabhängig ist von der Anzahl der virtuellen Seiten m der allokierten Region. Da die Größe des virtuellen Adressraums bei einer Architektur fest vor-

---

[1] Ansonsten lässt sich der entsprechende physikalische Speicher entweder nicht wiedergewinnen oder man läuft bei Systemen mit Hintergrundspeicher und Seitenverdrängungsstrategien Gefahr, dass bei Speicherknappheit Speicherregionen auf die Festplatte geschrieben werden, die eigentlich schon freigegeben sind.

geben ist, kann die Laufzeit somit als konstant betrachtet werden. Die Laufzeitkomplexität wird mit der Organisation der Seitentabelle auf Basis geschichteter Bäume [5, 6] erreicht. Weiterhin ist garantiert, dass der explizit freigegebene Speicher direkt wieder im System zur Verfügung steht.

Mit der virtuellen Speicherverwaltung allein lassen sich nur Allokierungen durchführen, deren Bereich sich über ein Vielfaches der Seitengröße ersteckt. Sie bildet damit die untere Schicht der Speicherverwaltung. Um auch für Echtzeitsysteme Belegungen beliebiger Größe zu ermöglichen, wird in dieser Arbeit gezeigt, wie der TLSF-Allokator so angepasst werden kann, dass er auf unserer virtuellen Speicherverwaltung aufbaut und gleichzeitig die Laufzeitkomplexität von $O(\log \log n)$ aufrechterhalten wird. Dieser Allokator hat nur die Sicht auf den virtuellen Adressraum und bildet die obere Ebene der Speicherverwaltung.

In unserem Ansatz verzichten wir bewusst auf eine Speicherhierarchie mit Hintergrundspeicher, da durch Verdrängung von physikalischen Speicherseiten auf Festplatte in Echtzeitanwendungen schwer abschätzbare Verzögerungen entstehen würden. Stattdessen gehen wir davon aus, dass im System genügend Hauptspeicher zur Verfügung gestellt wird, um Obergrenzen hinsichtlich des Speicherverbrauchs einzuhalten. Obergrenzen für den Speicherbedarf lassen sich ähnlich wie bei der Laufzeitanalyse statisch ermitteln. Die Analysen werden aufgrund unserer expliziten Speicherfreigabemechanismen wesentlich vereinfacht.

Die Arbeit ist wie folgt gegliedert: In Kapitel 2 wird unsere Verwaltung virtuellen Speichers im Zusammenspiel mit dynamischen Speicherbelegungen und -freigaben detailliert beschrieben. Hier machen wir zunächst die Annahme, dass die allokierten Speicherbereiche ganzzahlige Vielfache von Seitengrößen sind. In Kapitel 3 werden dann die Erweiterungen für Speicherbereiche beliebiger Größe beschrieben. Erste experimentelle Ergebnisse, die die Echtzeitfähigkeit des Ansatzes untermauern, sind in Kapitel 4 zu finden. Kapitel 5 schließt die Arbeit mit einer Zusammenfassung und einem Ausblick auf künftige Arbeiten ab.

2   Dynamische Verwaltung virtuellen Speichers

Die beteiligten Komponenten bei der virtuellen Speicherverwaltung sind in der Regel die Seitentabelle und das Betriebssystem. Für die unterschiedliche Programme auf dem System mit jeweils individuellen Adressräumen A_i der Größe n erfolgt die Vergabe des virtuellen Speichers in der Regel völlig transparent. Soll beispielsweise ein neues Programm gestartet werden, so stellt das Betriebssystem einen neuen virtuellen Adressraum bereit, kopiert das Programm an eine definierte Stelle und startet es dort. Benötigt das Programm zur Laufzeit weiteren Speicher, so bildet das Betriebssystem zusätzliche virtuelle Seiten auf physikalische Adressen ab.

Im Folgenden gehen wir ebenfalls davon aus, dass das Betriebssystem intern Operationen zur Allokierung und Freigabe von virtuellem Speicher bereitstellt. Der Aufruf vmalloc(A_i, a, x) reserviert hierbei eine beliebige Anzahl x aufeinanderfolgender, virtueller Seiten ab der Seitennummer a innerhalb des Adressraumes A_i. Die Operation vfree(A_i, a) gibt diesen Speicherbereich komplett wieder frei. Des Weiteren gibt es eine Routine vmap(A_i, b), welche bei einem Seitenfehler aufgerufen wird und die Seite b innerhalb eines virtuellen Speicherbereichs einer physikalischen Seite zuordnet. Bevor wir auf die Arbeitsweise dieser Operationen in Abschnitt 2.2 genauer eingehen, wollen wir zunächst einen Überblick über wichtige Komponenten und die verwendeten Datenstrukturen geben, die eine Laufzeitkomplexität von $O(\log \log n)$ ermöglichen.

2.1 Verwendete Datenstrukturen

Die Aufgabe einer herkömmlichen Seitentabelle ist es, die Zuordnung virtueller Seiten zu physikalischen Seiten bereitzustellen. Neben der Abbildung selbst enthält ein Eintrag meist noch Zugriffs- und Gültigkeitsbits. Unsere virtuelle Speicherverwaltung basiert auf einer einstufigen Tabelle mit direkter Abbildung. Um in konstanter Zeit sämtliche physikalische Seiten freigeben zu können, die für eine virtuelle, mittels vmalloc allokierte Speicherregion vergeben wurden, müssen diese an einer für die Region zentralen Stelle, dem *Virtual Region Header (VRH)*, gesammelt werden. Um weiterhin sämtliche Zuordnungen von physikalischen Seiten zu virtuellen Seiten auf einen Schlag ungültig machen zu können (und um bei Allokation auch nicht in Linearzeit initialisieren zu müssen), arbeiten wir mit einem auf initialisierungsfreien Arrays [6, S. 289–290] basierenden *Pages Validity Array (PVA)*, das über den Virtual Region Header (VRH) zugreifbar ist. Um bei Zugriff auf eine virtuelle Adresse die Gültigkeit des Seitentabelleneintrags überprüfen zu können und um bei Seitenfehlern neu belegte physikalische Seiten sammeln zu können, muss somit der VRH der zugehörigen Speicherregion bestimmt werden. Dies wird durch den *Virtual Regions Tree (VRT)* ermöglicht, der es erlaubt, beim Zugriff auf eine beliebige virtuelle Adresse den zugehörigen VRH in $O(\log \log n)$ zu finden. Freie oder einem VRH zugehörige, physikalische Seiten werden jeweils durch verkettete Listen zusammengefasst. Im Folgenden werden wir diese Datenstrukturen (Abbildung 1) genauer erläutern:

- *Seitentabelle (ST):* Die Seitentabelle wird genutzt, um virtuelle Adressen in physikalische zu übersetzen. Dies geschieht immer für Speicherseiten fester Größe.
- *Pages Validity Array (PVA):* Das Pages Validity Array ist eine Datenstruktur, die auf einem initialisierungsfreien Array beruht. Ein initialisierungsfreies Array der Größe k lässt sich realisieren, indem man zusätzlich zu einem Feld der Größe k einen Stapel mit Maximalgröße k und ein Hilfsfeld der Größe k in geeigneter Weise verwendet [6, S. 289–290]. Mit dem PVA lässt sich dann (ohne vorherige Initialisierung) in konstanter Zeit überprüfen, ob Einträge in der Seitentabelle gültig sind oder nicht. Ein wesentlicher Vorteil des PVA in Bezug auf Echtzeiteigenschaften ist die Möglichkeit, eine komplette Speicherregion (mit einer beliebigen Anzahl von Einträgen in der Seitentabelle) in konstanter Zeit als ungültig zu erklären, indem nur der Stapelzeiger neu gesetzt wird. Die entsprechenden Datenstrukturen können kompakt abgespeichert werden, indem der Zeiger auf den Stapel im VRH abgelegt wird und die Elemente des Hilfsfeldes in die Repräsentation der physikalischen Speicherseiten verlagert werden.

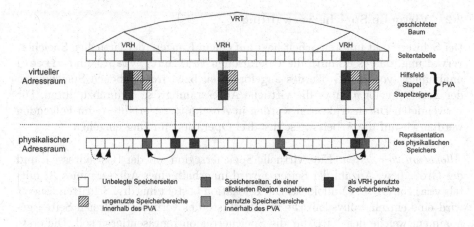

Abb. 1. Verwendete Datenstrukturen der virtuellen Speicherverwaltung

– *Virtual Region Header (VRH):* Jeder Virtual Region Header repräsentiert eine allokierte Speicherregion und zeigt auf den Kopf der Liste aller physikalischen Seiten, die mittels der `vmap()`-Routine dieser Region zugeordnet wurden. Bei der Freigabe einer virtuellen Speicherregion können diese physikalischen Seiten in konstanter Zeit dem Pool freier Seiten wieder zugeführt werden. Der VRH ist immer der ersten Seite einer virtuellen Speicherregion zugeordnet. Da der VRH immer eine Speicherregion repräsentiert, kann er benutzt werden, um Zugriffsrechte anzuzeigen.

– *Virtual Regions Tree (VRT):* Der Virtual Region Tree dient dem Zweck, bei einem Zugriff auf eine beliebige virtuelle Speicherseite den Anfang der jeweiligen Region und damit auch den zugehörigen VRH zu ermitteln. Die Organisation der Regionen und die nötigen Funktionen, um die Anfänge der Regionen zu markieren, zu finden und wieder zu löschen, sind über die `union()`-, `split()`- und `find()`-Operationen eines geschichteten Baumes implementiert. Die Funktionen haben eine Komplexität von $O(\log \log n)$ über die Anzahl n der Seiten des virtuellen Adressraumes, wie in [5] und [6] zu sehen ist.

– *Physikalische Seiten:* Die Seiten des physikalischen Adressraumes werden durch ein lineares Feld repräsentiert, wobei jedes Feldelement einen Zeiger besitzt, um physikalische Seiten in einer einfachen Liste zu verketten. Zusätzlich enthält jedes Element einen Zeiger auf das letzte Element der Liste. Bei der Systeminitialisierung werden alle physikalischen Seiten zu einer Liste freier Seiten verkettet. Falls zur Laufzeit eine freie physikalische Seite bei `vmap()` benötigt wird, wird diese aus der Liste der freien Seiten entfernt und an die benutzten Seiten einer Speicherregion, welche über den VRH ermittelt wird, angefügt. Bei Freigabe einer Speicherregion mittels `vfree()` werden die gesammelten physikalischen Seiten wieder mit der Liste freier Seiten verknüpft.

2.2 Virtuelle Speicherverwaltung

Der Schwerpunkt unserer Arbeit liegt auf einem Konzept der virtuellen Speicherverwaltung, das es erlaubt, die Operationen vmalloc(), vmap() und vfree()
unabhängig von der Größe des angeforderten bzw. freigegebenen Speichers in
der Zeit $O(\log \log n)$ über die virtuelle Adressraumgröße n durchzuführen. Die
verwendeten Datenstrukturen wurden in Abschnitt 2.1 erläutert. Im Folgenden
werden wir auf die Arbeitsweise der drei Operationen näher eingehen.

Allokation von Seiten: Eine virtuelle Speicherregion mit der Basisadresse a und
der Größe bzw. Anzahl der Seiten x wird innerhalb eines Adressraumes A_i mittels vmalloc(A_i, a, x) allokiert. Die Allokation besteht aus drei Schritten. Zuerst
wird eine einzelne physikalische aus der Liste der verfügbaren freien Seiten genommen, welche den VRH für die Speicherregion repräsentieren soll. Die erste
virtuelle Seite a wird durch einen Eintrag in der Seitentabelle auf diese physikalischen Seite abgebildet. Als nächstes wird dieser Seiteneintrag im PVA als
gültig markiert. Als letzte Operation muss noch der Anfang der Speicherregion
im VRT markiert werden. Der letzte Schritt sorgt dafür, dass Zugriffe auf andere
virtuelle Seiten innerhalb des gleichen Bereichs dem zugehörigen Virtual Region
Header zugeordnet werden können. Weitere Speicherseiten innerhalb des virtuellen Bereichs werden erst dann auf eine physikalische Seite abgebildet, wenn der
erste Zugriff darauf stattfindet. In diesem Fall zeigt das PVA an, dass der Seiteneintrag ungültig ist und es wird ein Seitenfehler ausgelöst. Dieser veranlasst
die Zuordnung einer weiteren Speicherseite für die virtuelle Speicherregion.

Speicherzugriffe und Seitenfehlerbehandlung: Wir gehen davon aus, dass die
Übersetzung von virtuellen in physikalische Adressen transparent mit Hilfe einer *Extended Memory Management Unit (ExtMMU)* in Hardware durchgeführt
wird. Die ExtMMU prüft beim Zugriff auf eine Seite zuerst die Gültigkeit des
Seitentabelleneintrags mit dem Pages Validity Array, auf welches über den VRH
zugegriffen wird. Falls eine virtuelle Speicherseite ungültig ist, wird ein Seitenfehler ausgelöst. In allen anderen Fällen wird die virtuelle Adresse direkt in die
zugehörige physikalische Speicheradresse übersetzt.

In Falle eines Seitenfehlers muss nun die ungültige Seite b mittels vmap(A_i, b)
auf eine physikalische Seite abgebildet werden. Dafür wird wieder eine physikalische Seite aus der Liste freier Seiten entnommen und mit den bereits benutzten
im VRH verkettet. Am Schluss wird ein entsprechender Eintrag in die Seitentabelle geschrieben und die entsprechende Seite im PVA als gültig markiert.

Freigabe von virtuellen Seiten: Die Freigabe einer virtuellen Speicherregion mit
Basisadresse a erfolgt mit der Operation vfree(A_i, a). Diese gibt den zur Laufzeit allokierten Speicher einer Region wieder in drei Schritten frei: Als erstes wird
der Bereich im PVA in konstanter Zeit als ungültig markiert. Danach werden die
benutzten und im Virtual Region Header verketteten physikalischen Speicherseiten wieder an die Liste der freien Seiten angehängt. Im letzten Schritt wird·die
Anfangsmarkierung der Speicherregion aus dem Virtual Regions Tree gelöscht.

Durch das explizite Allokations- und Freigabeschema wird somit kein Speicherplatz verschwendet, da nur tatsächlich benötige Seiten auf physikalische Seiten abgebildet werden und die Seiten nach einer Deallokation sofort von anderen Programmen wieder verwendet werden können.

2.3   Kompakte Repräsentation der Datenstrukturen

In diesem Abschnitt wollen wir zeigen, dass — obwohl unsere Seitenverwaltung auf zusätzlichen Datenstrukturen basiert — die Daten von VRT und PVA auf eine kompakte Art und Weise gespeichert werden können. Die dem Virtual Regions Tree zu Grunde liegende Datenstruktur ist ein geschichteter Baum. Die gegebene Implementierung nach [6] geht von einer Liste mit dynamischer Größe aus, die mit `union()`-, `split()`- und `find()`-Operationen in Intervalle unterteilt werden kann. Die einzelnen Komponenten der Liste und des geschichteten Baumes werden hier über mehrere explizite Zeiger (z.B. Vorgänger- und Nachfolgerbeziehungen, Verweise auf übergeordnete Baumstrukturen, usw.) miteinander verknüpft. Da bei unserer Speicherverwaltung die virtuelle Adressraumgröße fest vorgegeben ist, sind die Beziehungen zwischen den einzelnen Komponenten implizit gegeben und es sind weitreichende Optimierungen des Speicherbedarfs möglich. So müssen beispielsweise die einzelnen Zeiger nicht mehr abgespeichert werden und einzelne virtuelle Seiten werden nicht mehr durch Listenelemente sondern kompakt durch Bitfelder repräsentiert.

3   Speicherverwaltung für beliebige Speichergrößen

Die virtuelle Speicherverwaltung bildet die untere Schicht der Speicherverwaltungshierarchie innerhalb eines Betriebssystems und erlaubt es, Speicherbereiche mit Größen vom ganzzahligen Vielfachen einer virtuellen Speicherseite zu allokieren. Auf höherer Ebene bzw. innerhalb der virtuellen Adressräume stellen Betriebssysteme meist noch weitere Allokatoren bereit, um auch die Belegung und Freigabe beliebiger Speichergrößen (z.B. wenige Bytes) mittels der Operationen `malloc()` und `free()` zu ermöglichen. Die virtuelle Speicherverwaltung erfolgt aus Sicht der Anwendung transparent – benötigte virtuelle Seiten werden vom Betriebssystem mittels `vmalloc()` allokiert und umgekehrt mit `vfree()` wieder freigegeben. Im Folgenden wollen wir zeigen, wie wir den TLSF-Allokator [2, 3] angepasst haben, so dass die Gesamtkomplexität von $O(\log \log n)$ erhalten bleibt.

TLSF selbst besitzt eine Laufzeitkomplexität von $O(1)$, um Speicherblöcke zu allokieren und freizugeben, erwartet aber einen existierenden und kontinuierlichen Adressbereich, um seine *Bounding Tags* zu speichern, mittels derer die einzelnen Speicherstücke verwaltet werden. Auf Grund dieser Eigenschaften eignet sich TLSF in der ursprünglichen Form für den direkten Einsatz auf physikalischem Speicher bei gleichzeitigem Verzicht auf individuelle, virtuelle Adressräume für die Programme. Prinzipiell kann TLSF auch auf virtuellem Speicher arbeiten, doch dann muss dafür gesorgt werden, dass vor der Laufzeit genügend virtueller Speicher auf physikalische Seiten abgebildet wurde, was gegebenenfalls zu einer Verschwendung führt. Unser Ziel war es deshalb TLSF soweit anzupassen, dass virtuelle Seiten *nur bei Bedarf* auf physikalische Seiten abgebildet werden. Dies betrifft jene Seiten, die für allokierte Bereiche und für die Bounding Tags tatsächlich benötigt werden.

Die Frage, ob virtuelle Seiten auf physikalische Seiten abgebildet werden müssen, stellt sich immer, wenn Bounding Tags durch die TLSF-Funktionen `split()` und `merge()` erstellt oder gelöscht werden. Hier kann aufgrund der virtuellen Adresse und der Länge eines Speicherbereichs, sowie seiner direkten Umgebung (also virtuell vorangehende und nachfolgende Speicherbereiche) entschieden werden, ob an der neuen Startposition bereits eine Speicherseite zugeordnet ist oder eine neue Zuordnung erstellt werden muss. Umgekehrt ist es auf gleichem Wege möglich, herauszufinden, ob eine bestehende Zuordnung gelöscht werden kann. Das explizite Freigabeschema garantiert weiterhin, dass nicht mehr belegte Speicherseiten sofort an das System wieder zurückgegeben werden.

4 Experimente

Zur Evaluierung unseres Ansatzes wurde eine Bibliothek in C implementiert, welche die virtuelle Speicherverwaltung simuliert und darauf aufbauend die Operationen des angepassten TLSF-Allokators nach außen zur Verfügung stellt. Ein Beschreibung der Simulationsumgebung erfolgt in Abschnitt 4.1. Erste Ergebnisse, die das Laufzeitverhalten unseres Verfahrens zeigen, werden in Abschnitt 4.2 vorgestellt.

4.1 Simulationsumgebung

Die untere Schicht der Simulationsumgebung implementiert die virtuelle Speicherverwaltung. Da bisher noch keine reale Hardware implementiert wurde, welche die gewünschte Funktionsweise der ExtMMU besitzt, haben wir hierfür das Nachschlagen der Einträge in der Seitentabelle und deren Gültigkeitsprüfung über den Virtual Region Tree und dem Pages Validity Array in Software simuliert. Der notwendige Speicher zur Repräsentation des physikalischen Adressraums wird vom Hostsystem bereitgestellt. Die darauf aufbauende, obere Schicht bildet der von uns angepasste TLSF-Allokator mit den Operationen `malloc()` und `free()`.

Zur exakten Messung des Zeitverhaltens haben wir zu dem Werkzeug *callgrind* [7] (Teil der *valgrind*-Suite [8]) gegriffen. Das Tool misst hierbei die Anzahl der Instruktionen, die jeweils für die Operationen `malloc()` und `free()` und damit auch für `vmalloc()` und `vfree()` notwendig sind. Ein vergleichbarer Zeitaufwand würde auch bei einer Integration unseres Verfahrens in einem Betriebssystem (mit Hardwareunterstützung durch die ExtMMU) anfallen.

4.2 Ergebnisse

Die ersten Experimente für diese Arbeit wurden mit 1000 verschachtelten Allokationen und Freigaben von Speicherstücken zwischen 16 Bytes und 512 kBytes

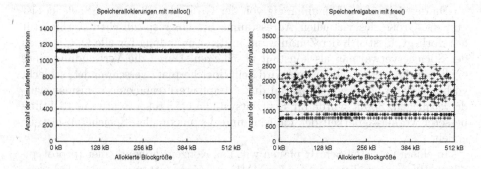

Abb. 2. Die Abbildungen zeigen die Kosten für Aufrufe von `malloc()` (links) und `free()` (rechts). Insgesamt wurden 1000 verschachtelte Allokationen und Freigaben mit Speicherblockgrößen zwischen 16 Bytes und 512 kBytes simuliert.

durchgeführt. In beiden Diagrammen der Abbildung 2 stellt die x-Achse jeweils die gegebene Blockgröße dar, während die y-Achse den dazugehörigen Zeitaufwand in Anzahl der Instruktionen widerspiegelt. Die Ergebnisse bestätigen unsere Aussage, dass der Zeitaufwand sowohl der Aufrufe von `malloc()` (linkes Diagramm) als auch der Aufrufe von `free()` (rechtes Diagramm) unabhängig von der Größe der gewählten Speicherstücke ist.

Das linke Diagramm für `malloc()` zeigt eine obere Grenze der Laufzeitkosten über den gesamten Bereich der Allokationsgrößen auf. Für Allokationen mit einer Speichergröße unterhalb der Seitengröße muss nicht immer eine zusätzliche physikalische Seite einer virtuellen Speicherseite zugeordnet werden. Dies ist in den Messungen mit geringeren Laufzeitkosten zu sehen. Im rechten Diagramm für `free()` erkennt man ebenfalls die Unabhängigkeit des Zeitaufwandes von der allokierten Blockgröße. Da die Freigabe durch ihren expliziten Mechanismus komplexer ist, bildet sich ein Band mit gestreuten Werten heraus. Aber auch hier sind die Laufzeitkosten durch eine obere und untere Schranke eindeutig begrenzt.

Aufgrund des frühen Stadiums der Bibliothek und der Messungen lassen sich zu diesem Zeitpunkt nur qualitative Aussagen über unser Verfahren treffen. Um quantitative Aussagen treffen zu können, wäre eine reale Umgebung mit ihren architekturspezifischen Anpassungen und Optimierungen nötig.

5 Fazit und weiterführende Arbeiten

In unserer Arbeit haben wir ein neuartiges Konzept aufgezeigt, um virtuellen Arbeitsspeicher dynamisch zu verwalten. Unser Verfahren erreicht eine Laufzeitkomplexität von $O(\log \log n)$ für Allokationen, Zugriffe und Deallokationen über einen virtuellen Adressraum mit n Seiten. Weiterhin haben wir gezeigt, wie der TLSF-Allokator erweitert wurde, um Speicherstücke beliebiger Größe zu verwalten, ohne die asymptotische Komplexität der Operationen zu verändern.

Da der Zeitaufwand unabhängig von der Größe des allokierten Speichers ist und die Größe des virtuellen Adressraums bei einer spezifischen Architektur fest vorliegt, lässt sich der Zeitaufwand in der Anwendung für alle Operationen der Speicherverwaltung als konstant abschätzen. Durch die Verwendung eines expliziten Freigabemechanismus wird kein Speicherplatz verschwendet, schlecht vorhersagbarer zeitlicher Overhead durch implizite Freigabemechanismen wurde vermieden. Somit wurde für Echtzeitsysteme ein großer Schritt in Richtung besserer Vorhersagbarkeit der Laufzeit und der maximalen Speicherauslastung erzielt.

In einem nächsten Schritt planen wir, das Konzept anhand einer (prototypischen) Hardwarerealisierung der ExtMMU und einer Integration in ein Echtzeitbetriebssystem zu evaluieren. Hierbei ist eine Aufteilung der Tasks vorgesehen einerseits in harte Echtzeittasks mit Speicherverwaltung nach den hier vorgestellten Prinzipien und andererseits in Tasks ohne harte Echtzeitbedingungen, die mit klassischen Speicherverwaltungsverfahren behandelt werden sollen.

Literaturverzeichnis

1. B. Jacob, T. Mudge. Virtual memory: Issues of implementation. *Computer*, 31(6):33–43, 1998.
2. M. Masmano, I. Ripoll, A. Crespo, and J. Real. TLSF: A new dynamic memory allocator for real-time systems. In *ECRTS '04: Proceedings of the 16th Euromicro Conference on Real-Time Systems*, pages 79–86, Washington, DC, USA, 2004. IEEE Computer Society
3. M. Masmano, I. Ripoll, J. Real et al. Implementation of a constant-time dynamic storage allocator. *Software: Practice and Experience*, 38:995–1026, August 2008
4. Xiangrong Zhou and Peter Petrov. The interval page table: virtual memory support in real-time and memory-constrained embedded systems. In *SBCCI '07: Proceedings of the 20th annual conference on Integrated circuits and systems design*, pages 294–299, New York, USA, 2007. ACM.
5. P. van Emde, R. Kaas, and E. Zijlstra. Design and implementation of an efficient priority queue. *Theory of Computing Systems*, 10(1):99–127, December 1976.
6. Kurt Mehlhorn. *Data Structures and Algorithms 1*: Sorting and Searching, volume 1 of *Monographs in Theoretical Computer Science. An EATCS Series*. Springer, 1984.
7. J. Weidendorfer, M. Kowarschik, and C. Trinitis. A tool suite for simulation based analysis of memory access behavior. In *ICCS 2004: 4th International Conference on Computational Science*, volume 3038 of *LNCS*, pages 440–447. Springer, 2004.
8. N. Nethercote and J. Seward. Valgrind: a framework for heavyweight dynamic binary instrumentation. In *PLDI '07: Proceedings of the 2007 ACM SIGPLAN conference on Programming language design and implementation*, pages 89–100, New York, USA, 2007. ACM.

WCET-Analyseverfahren in der automobilen Softwareentwicklung

Martin Däumler, Robert Baumgartl und Matthias Werner

TU Chemnitz, Fakultät für Informatik
D-09107 Chemnitz
{martin.daeumler|robert.baumgartl|matthias.werner}@cs.tu-chemnitz.de

Zusammenfassung. Das zeitliche Verhalten von Software im Automotive Software Engineering ist besonders bei sicherheitsrelevanten Systemen von hoher Bedeutung, um die korrekte Funktion des Systems garantieren zu können. Eine wichtige Rolle spielt hierbei die Ermittlung sicherer und präziser Schranken der Worst-Case Execution Time (WCET) der verwendeten Software. Wir präsentieren die Zusammenfassung einer Studie, die vier verschiedene WCET-Analyseverfahren anhand praxisrelevanter Kriterien vergleicht und bewertet. Dabei werden sowohl etablierte Ansätze als auch neue Methoden unter anderem hinsichtlich ihrer Stabilität, ihrem Aufwand und ihrer Anwendbarkeit hin untersucht.

1 Einleitung

Die Ermittlung von möglichst präzisen maximalen Laufzeiten (*worst case execution time*, WCET) ist ein wichtiger Bestandteil im Entwicklungsprozess für Software für Echtzeit-Systeme. Diese Ermittlung muss für eine konkrete Hardware erfolgen. Im Rahmen einer Studie, die die Bewertung bestimmter Aspekte des Systementwurfsprozesses einer Firma der Automotive-Industrie zum Ziel hatte [2], sollten unter anderem vier Methoden zur Abschätzung der WCET untersucht und verglichen werden. Dabei waren sowohl die Methoden als auch die Zielhardware vom Auftraggeber vorgegeben. Der vorliegende Beitrag beschreibt die Ergebnisse dieser Untersuchung.

Prinzipiell unterscheidet man dynamische und statische WCET-Analyse. Die dynamische Analyse misst die Ausführungszeit des Codes während des Betriebs eines Systems. Hingegen wird die WCET bei der statischen Analyse anhand des Codes und von Modellen der Hardware ermittelt. Die vorgegebenen Methoden benutzen beide Ansätze. Die ersten drei Verfahren sind praxiserprobt. Dabei verfolgen die ersten beiden den Ansatz der dynamischen WCET-Analyse. Der dritte Ansatz verwendet ein Softwarewerkzeug zur statischen Ermittlung der WCET. Das vierte Verfahren basiert ebenfalls auf einem Werkzeug, welches aber bisher ausschließlich für Unit-Tests eingesetzt wurde. Es sollte auf einen potentiellen Einsatz in einer kontrolliert dynamischen WCET-Analyse untersucht werden.

Dieser Beitrag ist wie folgt gegliedert. Kapitel 2 diskutiert verwandte Arbeiten. Kapitel 3 beschreibt das System, an dem die Untersuchungen exemplarisch durchgeführt wurden, und die einzelnen Bewertungskriterien. In Kapitel 4 werden die einzelnen Verfahren beschrieben und bewertet. Kapitel 5 diskutiert die Ergebnisse und Kapitel 6 gibt eine Zusammenfassung.

2 Verwandte Arbeiten

Das im dritten Verfahren untersuchte Werkzeug aiT der Firma AbsInt ist bereits Gegenstand vorangegangener Studien zur WCET-Analyse im industriellen Umfeld. [1] beschreibt die Analyse einer Kommunikationssoftware in Verbindung mit einer Star12-CPU. Der Schwerpunkt dieser Studie liegt auf der Untersuchung des notwendigen Wissens über die zu untersuchende Software bei der Analyse mit dem Werkzeug aiT.

[7] behandelt fünf industrielle Fallstudien zur WCET-Analyse. In der fünften Studie wird ein System basierend auf einem Infineon C167CS Prozessor untersucht. Es werden Messverfahren auf Betriebssystemebene, mittels eines In-Circuit Emulators und ein statisches Verfahren verglichen. Der Fokus liegt dabei auf einem Vergleich der praktischen Anwendbarkeit und der Qualität der Ergebnisse. Die ersten drei Fallstudien beschreiben die Untersuchung von industriellen Code mit den statischen WCET-Werkzeugen aiT und SWEET. Sie sind in [3] näher ausgeführt.

Ähnlich den genannten Arbeiten geht unsere Untersuchung auf die Möglichkeiten der WCET-Analyse mit dynamischen und statischen Verfahren ein. Jedoch wird nun nicht vorrangig die Leistungsfähigkeit der einzelnen Verfahren geprüft. Anders als in den bisherigen Arbeiten liegt der Schwerpunkt dieses Beitrags auf der Untersuchung deren Anwendung im automobilen Softwareentwicklungsprozess. Anstatt einer quantitativen folgt eine qualitative Diskussion der Methoden. Dabei werden diese auch hinsichtlich der Rahmenbedingungen, unter denen sie effizient nutzbar sind, beleuchtet. Die Arbeit verdeutlicht die gegenwärtigen Probleme, mit der sich die Automotive-Industrie bei der Einführung von Methoden zur Erfassung des Timingverhaltens ihrer Software konfrontiert sieht.

3 Systembeschreibung und Bewertungskriterien

3.1 Systembeschreibung

Das in unserer Untersuchung analysierte System besteht aus einem Steuergerät mit einem Infineon TriCore-1766-Prozessor und einem OSEK-konformen [9] Betriebssystem. Die Gesamtsoftware eines solchen Systems im Automotive-Bereich setzt sich oftmals aus mehreren Teilen zusammen. Dazu gehören unter anderem der Code des Hardwarelieferanten, z.B. Hardware-Überwachungsfunktionen, das Betriebssystem und die vom Endkunden entwickelte Software. Diese Komponenten bilden im betrachteten System komplexe Ausführungsinstanzen, so genannte Tasks. Sie werden zyklisch aktiviert. Tasks und asynchron auftretende Interrupt-Serviceroutinen (ISR) realisieren die Funktionalität des Systems. Aus

Programmierersicht ist eine Task eine Ansammlung zahlreicher Funktionen, die (verschachtelt) aufgerufen werden.

Der hier untersuchte Code ist Bestandteil einer zyklisch aktivierten Überwachungsfunktion. Abbildung 1 illustriert deren vereinfachte Struktur in Pseudocode. Unterfunktion fünf dient ausschließlich der Fehlerbehandlung. Sie wird im fehlerfreien Betrieb nicht aufgerufen und wird von dieser WCET-Analyse ausgeschlossen, da das Timingverhalten im fehlerfreien Betrieb untersucht werden sollte. Der Umfang des Quellcodes inklusive der Unterfunktionen beträgt etwa 250 Zeilen C-Code. Der Quellcode der Unterfunktionen vier und fünf war nicht verfügbar. Dieser Fall ist typisch bei industrieller Software, da Zulieferer ihren Quellcode dem Endkunden häufig nicht offenlegen.

Abb. 1. Pseudocode der Überwachungsfunktion

3.2   Bewertungskriterien

Das Ziel einer WCET-Analyse ist, die WCETs der Ausführungsinstanzen und der ISR zu bestimmen. Diese können zur Verifikation des Timingverhaltens des Systems, beispielsweise im Rahmen einer Scheduling-Analyse, verwendet werden. Der Einfluss aller Softwarekomponenten muss dabei berücksichtigt werden. Jedoch erschwert der Black-Box-Charakter zugelieferter Software ein präzises Vorgehen.

Der eigenentwickelte Code unterliegt häufig Programmierrichtlinien. Diese verbieten z.B. dynamische Aspekte der Objektorientierung und des Speichermanagements sowie Rekursion. Damit wird die eigentliche Komplexität des Codes eingeschränkt und dessen Analysierbarkeit erhöht. Für eine (statische) WCET-Analyse sind oft zusätzliche laufzeitrelevante Nutzerangaben, wie z.B. die maximale Anzahl Schleifeniterationen, notwendig. Können diese nicht automatisch ermittelt werden, so muss der Quellcode vor der WCET-Ermittlung analysiert werden. Eine Anforderung des Auftraggebers an die WCET-Analyseverfahren war es, diesen zusätzlichen Aufwand zu vermeiden. Die Einzelfunktionen der Tasks werden häufig von verschiedenen Programmierern implementiert. Damit ergibt sich für Tasks ein komplexes Timingverhalten, da laufzeitrelevante Angaben aller Einzelfunktionen berücksichtigt werden müssen. Dem muss bei der Wahl eines WCET-Analyseverfahrens begegnet werden. Alle untersuchten Verfahren wurden hinsichtlich folgender Kriterien untersucht:

1. **Stabilität des Verfahrens:** Die Ergebnisse werden qualitativ verglichen. Dabei sind ihre konzeptionell bedingte Sicherheit und ihre mögliche Verzerrung relevant. Ein quantitativer Vergleich der Ergebnisse ist nicht möglich, da durch die untersuchten Verfahren unterschiedliche Methodiken vorgegeben waren. Damit wurden sie unter verschiedenen Ausgangsbedingungen geprüft.
2. **Einsatzzeitpunkt im Softwareentwicklungsprozess:** Der frühzeitige Einsatz im Softwareentwicklungsprozess ist wichtig, um eine spätere Neugestaltung des Systems aufgrund eines unsicheren zeitlichen Verhaltens zu vermeiden.
3. **Anwendbarkeit der Verfahren:** Ein Verfahren sollte die gesamte Software, d.h. auch zugelieferte Softwarekomponenten, analysieren können. Wesentlich ist, ob für eine Analyse Software-Interna bekannt sein müssen. Diese müssten erst durch Codeanalyse gewonnen werden, was den Softwareentwicklungsprozess verlängert.
4. **Anwendbarkeit auf zukünftige Software- und Hardwaregenerationen:** Es wird die Frage geklärt, ob ein Verfahren einsetzbar bleibt, wenn die Programmierrichtlinien erweitert werden, z.B. der objektorientierte Programmieransatz stärker verfolgt wird, oder andere Zielhardware verwendet wird.

4   WCET-Analyseverfahren

4.1   Softwarebasierte Aufzeichnung der Ausführungszeiten

Die erste untersuchte Methode zur WCET-Analyse repräsentiert den gegenwärtig genutzten Stand der Technik im Unternehmen. Die Laufzeiten aller ausgewählten Ausführungsinstanzen werden während des Betriebs des Steuergeräts gemessen. Die Variablen der Laufzeitanalysefunktionalität des Betriebssystems werden softwarebasiert ausgelesen. Das verwendete Werkzeug INCA der Firma

ETAS [6] ermöglicht die Aufzeichnung der Laufzeiten. Als Ausführungsinstanzen können Tasks und so genannte Prozesse gewählt werden. Prozesse sind nichtunterbrechbare Abschnitte der Tasks. Um die Laufzeit der oben genannten Überwachungsfunktion zu messen, wurde deren Code in einen separaten Prozess der zyklischen Task verschoben. Anschließend wurde das Steuergerät durch ein vorgegebenes Skript stimuliert, das verschiedene Fahrsituationen simuliert (Dauer: 3 min). Die so nachempfundenen Zustände verursachen erfahrungsgemäß eine hohe Auslastung des Steuergeräts. Währenddessen wurden die Laufzeiten der Überwachungsfunktion aufgezeichnet.

Die Software hat zahlreiche Eingangsparameter mit teilweise großem Wertebereich. Das erfordert einen sehr hohen Aufwand, um den Stimulus (Folge von Eingabewerten) für das Steuergerät zu identifizieren, der die Worst-Case-Situation provoziert. Andernfalls müssten die Laufzeitmessungen für alle möglichen Folgen durchgeführt werden. Jedoch wächst deren Anzahl exponentiell mit der Anzahl der Eingangsparameter und deren Wertebereich. Aus Zeitgründen werden bei dieser dynamischen WCET-Analyse lediglich als kritisch angenommene Stimuli geprüft. So kann bei diesem Verfahren nicht verifiziert werden, ob die ermittelte maximale Ausführungszeit der tatsächlichen WCET entspricht. Das Verfahren ist damit nicht sicher. Es ist auch sehr schwierig, den Worst-Case-Initialzustand der Hardware herbeizuführen, da dieser von dem bereits abgearbeiteten Code abhängt.

Es traten weitere Besonderheiten auf. Die Laufzeitanalysefunktionalität des Betriebssystems berücksichtigt Unterbrechungen der Tasks durch höherpriorisierte Tasks. ISR, die asynchron auftreten, können jedoch in den Task-Laufzeiten enthalten sein. Besonders bei kurzen Ausführungsinstanzen können die Resultate dadurch stark verzerrt werden. Das kann zu pessimistischen und stark schwankenden Werten führen. Die Ergebnisse sind somit nicht exakt reproduzierbar. Der Messmechanismus selbst beeinflusst, vor allem bei der Messung von Tasks mit niedriger Periodendauer, das Zeitverhalten des Systems merklich und verzerrt die Ergebnisse zusätzlich.

Das beschriebene Verfahren kann erst spät im Softwareentwicklungsprozess eingesetzt werden, da ein Gesamtsoftwarestand erzeugt werden muss. Der zusätzliche Aufwand ist marginal, da mit der Testhardware und -Software bereits Funktionstests durchgeführt werden. Das Verfahren ist einfach auf eigene und zugelieferte Software anzuwenden, da es Black-Box-Tests realisiert. Die Auswertung ist schnell und einfach mit gängigen Büroanwendungen möglich. Es ist unabhängig von der verwendeten Programmiersprache, dem Programmiermodell und der Hardware.

4.2   Hardwarebasierte Aufzeichnung der Ausführungszeiten

Die zweite untersuchte Methode realisiert eine hardwarebasierte dynamische WCET-Analyse. Sie stellt eine messtechnische Präzisierung der ersten Methode dar. Anstatt Messvariablen wird ein per OCDS2-Schnittstelle [8, S.2] gewonnener Hardware-Trace aufgezeichnet. Der hardwarebedingte Mess-Overhead ist im Vergleich zur softwarebasierten Aufzeichnung gering. Die Ergebnisse werden kaum durch die Messung selbst verzerrt. Eine skriptbasierte Auswertung dieser Hardware-Traces erlaubt eine detaillierte Aufschlüsselung der Laufzeiten einzelner Tasks, Prozesse, ISR und nicht zugeordneter Funktionen.

Die verwendete Hardware ließ eine Aufzeichnungsdauer von lediglich 850 ms zu. Jede Messung beansprucht aber wesentlich mehr Zeit, da der Hardware-Trace (Größe: ca. 6 GiB) zunächst gesichert werden muss. Dessen Auswertung kann mehrere Stunden in Anspruch nehmen. Die Ergebnisse sind konzeptionell bedingt unsicher, da nicht garantiert werden kann, dass die Worst-Case-Situation aufgezeichnet wurde. Die kurze Aufzeichnungsdauer und die schlechte Steuerbarkeit des Messzeitpunktes verschärfen dieses Problem.

Es stellte sich heraus, dass die ermittelten maximalen Task-Laufzeiten in der Regel höher waren als die Summe der maximalen Laufzeiten ihrer zugeordneten Prozesse. Intuitiv ist das Gegenteil zu erwarten. Bestimmte Codesegmente, z.B. die zugelieferter Softwarekomponenten, sind nicht immer einem bestimmten Prozess zugeordnet. So sind deren Laufzeiten auf Task- und nicht auf Prozess-Ebene erfassbar, in der die Überwachungsfunktion angesiedelt ist.

Das Verfahren kann erst spät im Entwicklungsprozess angewendet werden. Die Black-Box-Tests ermöglichen die Erfassung der Laufzeit aller Softwarekomponenten. Das Verfahren ist unabhängig von der verwendeten Programmiersprache und dem Programmiermodell. Die Hardware muss jedoch über eine OSCD2-Schnittstelle verfügen.

4.3   Statische WCET-Analyse mit aiT

Die dritte Methode realisiert einen statischen Ansatz der WCET-Analyse. Dazu wurde das Werkzeug aiT für TriCore 1796 und Tasking Compiler (v2.0 build 73031) der Firma AbsInt [5] vorgegeben. Zur Ermittlung der WCET der Überwachungsfunktion benötigt aiT ein Binary der Software und die Startadresse des zu untersuchenden Codes. Ausführliche Informationen über die Funktionsweise aiTs sind in [4] zu finden. Als Ausgaben der WCET-Analyse erstellt aiT einen Aufrufgraph mit detaillierten Informationen zu dem analysierten Code. So werden der Worst-Case-Pfad, die Ausführungsanzahl und die WCET jedes Basisblocks angezeigt.

Mit aiT ist es möglich, die WCET-Analyse im Softwareentwicklungsprozess vorzuverlegen. Dazu wurde der Quellcode der Überwachungsfunktion zusammen mit einem generischen Locator-File und Startup-Code manuell in ein Binary übersetzt. Es wurden keine Optimierungsoptionen angegeben, da die finalen Compiler-Einstellungen zum Zeitpunkt der Analyse nicht zur Verfügung standen. Der Quellcode für die Unterfunktionen vier und fünf war nicht verfügbar. Letztere wurde durch Nutzerangaben als „nie ausgeführt" gekennzeichnet, da sie nicht berücksichtigt werden sollte. Die WCET für Unterfunktion vier wurde durch Nutzerangaben festgelegt. Deren Laufzeit ergab sich aus der Analyse eines finalen Binarys spät im Entwicklungsprozess. Um eine zyklengenaue WCET berechnen zu können, musste die maximale Anzahl Schleifeniterationen angegeben werden, da aiT sie nicht automatisch bestimmen konnte. Dazu musste der Quellcode analysiert werden.

Die WCET-Analyse wurde mit einem Binary, das spät im Softwareentwicklungsprozess entsteht, wiederholt. Es wurde mittels des finalen Startup-Codes, Locator-Files und Compiler-Einstellungen erzeugt. Die WCET war um rund 12% höher als die zuvor ermittelte. Die Analyse eines noch später erzeugten Binarys lieferte eine um 10% höhere WCET als die des manuell erzeugten Binarys. Für präzise Ergebnisse frühzeitig im Entwicklungsprozess sollten daher möglichst finale Einstellungen genutzt werden. Zudem sind genaue Informationen über die Zielhardware notwendig. Auf sie konnte in dieser Untersuchung nicht eingegangen werden, da nicht alle Informationen darüber verfügbar waren.

Anhand der Resultate aiTs bei einem Wettbewerb für WCET-Analysewerkzeuge [10] wird die ermittelte WCET-Abschätzung als sicher angenommen. Es ist sinnvoll, dass der Programmierer die WCET-Analyse seines Codes durchführt. Er kann timingrelevante Nutzerangaben effizient bereitstellen.

Oft ist nicht die WCET einzelner Funktionen, sondern die größerer Ausführungsinstanzen, wie die einer Task oder eines Prozesses, gefragt. Die WCET eines Prozesses kann mit aiT berechnet werden, indem die Einzel-WCETs seiner Funktionen angegeben werden. Das könnte aber zu pessimistischen Ergebnissen führen, da sich die Worst-Case-Pfade verschiedener Funktionen ausschließen könnten. Es ist ohne beachtlichen Mehraufwand nicht möglich, diese Abhängigkeiten bzw. die notwendigen Nutzerangaben zur gemeinsamen Analyse aller Einzelfunktionen durch Untersuchung des Quellcodes zu bestimmen. Bei zugeliefertem Code können sie teilweise gar nicht getroffen werden. Damit bleibt die Anwendbarkeit aiTs im großen Maßstab fraglich. aiT unterstützt bislang C, C++ sowie Ada ohne dynamische Features objektorientierter Programmierung. Der langfristige Einsatz ist an die Analysierbarkeit zukünftig verwendeter Hardware gebunden.

4.4 Tessy

Der vierte Ansatz verfolgt die Verwendung des Unit-Test-Werkzeugs Tessy der Firma Hitex [11]. Es stand im Abschluss der Evaluierungsphase im Unternehmen. Daher war der Umgang damit noch nicht etabliert, so dass nicht alle Kriterien unserer Untersuchung ermittelt werden konnten. Ein vollständiger Vergleich mit den anderen Verfahren ist daher ausgeschlossen. Die Untersuchung sollte eine mögliche Eignung für die WCET-Analyse hinterfragen, da häufig bereits Unit-Tests im Softwareentwicklungsprozess durchgeführt werden.

Ziel der WCET-Analyse mit Tessy ist es, die Gesamt-Software in Module zu strukturieren und gezielt die Ausführungszeit bestimmter Pfade durch diese Module zu messen. Es handelt sich somit um ein dynamisches WCET-Analyseverfahren, welches das Messen ausgewählter Pfade ermöglicht. Dessen Einsatz bietet sich schon früh im Entwicklungsprozess, während der Implementationsphase, an. Dazu wird der Quellcode des Moduls eingelesen und die Eingangs- bzw. Ausgangsvariablen werden bestimmt. Auf Basis dieses Interfaces werden Testfälle spezifiziert. Sie werden durch eine gegebene Belegung der Eingangsvariablen und eine erwartete Belegung der Ausgangsvariablen repräsentiert. Für eine WCET-Analyse sollten die Testfälle so spezifiziert werden, dass alle timingrelevanten Pfade durch das Modul durchlaufen werden. Danach wird der Quellcode zusammen mit dem von Tessy generiertem Code zu einer Standalone-Anwendung übersetzt. Tessy ermöglicht es, die Unit-Tests direkt auf dem Steuergerät auszuführen und deren Laufzeiten zu messen. Als Schnittstelle zwischen dem Steuergerät und Tessy dient ein Hardware-Debugger. Es zeigte sich, dass die Anzahl der Testfälle für die Überwachungsfunktion sehr groß wurde, wenn die Unterfunktionen gemeinsam betrachtet werden. Daher wurden diese getrennt betrachtet.

Erste Analyseversuche wurden mit einem vorgegebenen Simulator für TriCore 1766 durchgeführt. Es handelte sich um einen befehlsgenauen und nicht um einen zyklengenauen Simulator. Daher ist dieser für eine WCET-Analyse ungeeignet. Analyseergebnisse in Verbindung mit dem Steuergerät konnten nicht ermittelt werden. Dazu mussten zugelieferte Debugger-Skripte für das Steuergerät modifiziert werden. Informationen dazu waren zum Zeitpunkt der Untersuchung nicht verfügbar.

Selbst wenn es gelingt, die WCETs einzelner Funktionen zu ermitteln, so könnte deren manuelle Addition auf der einen Seite einen zu pessimistischen globalen Wert erzeugen, da etwaige Laufzeitabhängigkeiten nicht berücksichtigt werden. Auf der anderen Seite wird Overhead, der z.B. durch Pipeline-Stalls und Cache-Verschmutzung beim Aufruf einer Unterfunktion entsteht, nicht berücksichtigt.

Der Mehraufwand durch den Einsatz eines Werkzeugs wie Tessy ist marginal, wenn Unit-Tests bereits durchgeführt werden. Im anderen Fall ist mit einem höheren Mehraufwand als bei der Anwendung aiTs zu rechnen, wenn die WCET-Analyse nicht am Arbeitsplatz durchgeführt werden kann. Black-Box-Software kann nicht analysiert werden. Zum Zeitpunkt der Untersuchung war Tessy auf die Analyse von C-Code beschränkt. Die Verfügbarkeit des Konzeptes für zukünftige Hardwaregenerationen wird als unproblematisch angesehen.

5   Diskussion

Das erste Verfahren, die softwarebasierte Aufzeichnung von Ausführungszeiten, ist gegenwärtig im Unternehmen etabliert. Es generiert innerhalb von wenigen Minuten Ergebnisse und ist nahtlos in den Softwareentwicklungsprozess integriert. Für die betrachtete Überwachungsfunktion ergab sich jedoch eine Differenz von rund 480% zwischen minimaler und maximaler Laufzeit. Die vergleichsweise einfache Struktur des Codes (vgl. Abbildung 1) mit wenigen möglichen Ausführungspfaden im fehlerfreien Betrieb legt nahe, dass diese sehr große Schwankung hauptsächlich durch ungefilterte Unterbrechungen verursacht wurde. Besonders bei kurzer Ausführungszeit des Codes werden die Ergebnisse somit stark verzerrt, so dass sie nur als Richtwert dienen können.

Die hardwarebasierte Aufzeichnung der Ausführungszeiten ist in anderer Hinsicht problematisch. Die durch die Hardware bedingte kurze Messdauer erschwert die gezielte Aufzeichnung einer kritischen Systemsituation außerordentlich. Des weiteren benötigt die Auswertung der Aufzeichnungen zum Teil mehrere Stunden, so dass das Verfahren im Praxisbetrieb unbrauchbar ist. Es zeigte sich zudem, dass die Auswertung der Aufzeichnungen zum Zeitpunkt der Untersuchung noch nicht ausgereift war. Insbesondere konnten nicht alle Laufzeiten vollständig aufgeschlüsselt werden.

Obwohl die statische WCET-Analyse mittels aiT zunächst plausiblere und weitaus weniger schwankende Resultate liefert, sind auch für diesen Fall bestimmte Schwierigkeiten zu verzeichnen. So konnte beispielsweise infolge fehlender Informationen keine Parametrisierung des externen Speichers vorgenommen werden. Das kann zu inkorrektem Timing der Speicherzugriffe und damit möglicherweise zu optimistischen WCET-Abschätzungen führen. Es zeichnet sich ab, dass Hardware-Lieferant und Endkunde eng zusammenarbeiten müssen, um die relevanten Informationen zu ermitteln. Weiter zeigte sich, dass die von aiT ermittelten Ergebnisse ebenfalls Schwankungen unterliegen. Die präzisesten Ergebnisse können offenbar erst spät im Entwicklungsprozess gewonnen werden. Laufzeitrelevante Nutzerangaben erfordern die Analyse des Quellcodes. Leider bietet aiT nicht die Möglichkeit der Ermittlung der Best-Case Execution Time (BCET). Diese kann bei der Verifikation des zeitlichen Verhaltens von Punkt-zu-Punkt-Pfaden innerhalb eines Systems eine wichtige Rolle spielen.

Die mit Tessy ermittelten Resultate können nicht ohne weiteres mit den anderen verglichen werden. Die durchgeführte Messung ist nicht zyklengenau und Unterfunktion vier konnte nicht erfasst werden. Eine Aussage über die Stabilität der Ergebnisse kann nicht getroffen werden, da keine Messung auf dem Steuergerät durchgeführt werden konnte. Es werden jedoch stabile Ergebnisse erwartet, da die WCET-Analyse isoliert von anderer Software durchgeführt wird. Durch den Messmechanismus selbst ist ein geringer Overhead zu erwarten.

Aufgrund der gegebenen Rahmenbedingungen ist ein quantitativer Vergleich der einzelnen erzielten WCET-Abschätzungen unsinnig, so dass an dieser Stelle darauf verzichtet wird. Die Messungen mussten teilweise unter voneinander abweichenden Bedingungen ausgeführt werden. So wurden beispielsweise unterschiedliche Stimuli für das Steuergerät bei der software- bzw. hardwarebasierten Aufzeichnung der Ausführungszeiten eingesetzt, die letztendlich der schlechten Handhabbarkeit der Aufzeichnungshardware geschuldet sind.

6 Zusammenfassung und Ausblick

Tabelle 1 fasst unsere wesentlichen Ergebnisse zusammen. Die Studie zeigt, dass das etablierte Verfahren zur WCET-Analyse Nachteile bezüglich der Genauigkeit besitzt, jedoch bereits sehr tief in den Softwareentwicklungsprozess integriert ist. Neue, innovative Werkzeuge wie aiT arbeiten weitaus präziser, erfordern jedoch intensive Schulung der Entwicklerteams sowie die Kooperation der beteiligten Hardware- und Softwarezulieferer.

Um die WCET-Analyse zu vereinfachen und um Schwankungen der Ausführungszeiten zu reduzieren ist es denkbar, schon während der Implementierung auf eine möglichst konstante Ausführungszeit des Codes zu achten. Das kann erreicht werden, indem die Ausführungszeit des Codes so wenig wie möglich von

Tabelle 1. Bewertung der einzelnen Analyseverfahren $(+/\circ/- \,\widehat{=}\, \text{gut/mittel/schlecht})$

Verfahren	Stabilität	Einsatz-Zeitpunkt	Anwendbarkeit	Zukünftige Anwendbarkeit
INCA	−	−	+	+
Hardware-Traces	∘	−	∘	+
aiT	+	+	−	∘
Tessy	keine Angabe	+	−	+

den Eingabewerten abhängt, beispielsweise indem Schleifen stets eine konstante Anzahl Iterationen aufweisen.

Literaturverzeichnis

1. S. Byhlin, A. Ermedahl, J. Gustafsson, and B. Lisper. Applying Static WCET Analysis to Automotive Communication Software. In *Proceedings of the 17th Euromicro Conference on Real-Time Systems*, 2005.
2. M. Däumler. Timing Analysis on Software Development. Diploma thesis, Chemnitz University of Technology, 2008.
3. A. Ermedahl, J. Gustafsson, and B. Lisper. Experiences from Industrial WCET Analysis Case Studies. In *Proceedings of the Fifth International Workshop on Worst-Case Execution Time (WCET) Analysis*, 2005.
4. C. Ferdinand. Worst Case Execution Time Prediction by Static Program Analysis. In *Proceedings of the 18th International Parallel and Distributed Processing Symposium*, 2004.
5. AbsInt Angewandte Mathematik GmbH. aiT Worst-Case Execution Time Analyzers [online, cited 21.06.2008]. http://www.absint.com/ait.
6. ETAS Group. ETAS INCA Software-Produkte [online, cited 21.06.2008]. http://www.etas.com/de/products/inca.php.
7. J. Gustafsson and A. Ermedahl. Experiences from Applying WCET Analysis in Industrial Settings. In *Proceedings of the 10th IEEE International Symposium on Object and Component-Oriented Real-Time Distributed Computing*, 2007.
8. Ashling Microsystems. Using Ashling's Vitra Emulator Trigger and Trace System for TriCore Applications [online, cited 21.06.2008]. http://www.ashling.com/technicalarticles/APB182-TriCoreTriggerTrace.pdf.
9. OSEK/VDX. Operating System Specification 2.2.3 [online, cited 21.06.2008]. http://osek-vdx.org.
10. L. Tan. The Worst Case Execution Time Tool Challenge 2006: The External Test. In *Second International Symposium on Leveraging Applications of Formal Methods, Verification and Validation*, 2006.
11. Hitex Development Tools. Tessy – The Invaluable Test Tool [online, cited 21.06.2008]. http://www.hitex.de/con_tessy.html

Echtzeitrechnerarchitektur mit exakt vorhersehbarer Befehlsverarbeitung

Helmut Stieger

Lehrstuhl für Informationstechnik, insb. Realzeitsysteme
FernUniversität, 58084 Hagen
`helmut.stieger@fernuni-hagen.de`

Zusammenfassung. In sicherheitsgerichteten Anwendungen unterliegen Rechner besonderen Anforderungen hinsichtlich vorhersehbarer Programmabarbeitung. Marktgängige Prozessoren bieten diese Vorhersehbarkeit aus verschiedenen Gründen nicht. Dieser Zustand begründet die Entwicklung einer Echtzeitrechnerarchitektur mit exakt vorhersehbarer Programmabarbeitung, die zusätzlich mehrprozessfähig ist und mit einer Prozessauswahleinheit zur allmählichen Leistungsabsenkung konkurrierender Prozesse verbunden werden kann.

1 Einleitung

Aus unserer heutigen Welt sind Rechner nicht mehr wegzudenken. Dabei haben sie einen Siegeszug angetreten, der ausgehend von Einzelstücken etwa in den 1930er Jahren des vergangenen Jahrhunderts bis heute anhält. Auf Grund der preisgünstigen Realisierbarkeit von Hardware finden Rechner heutzutage vielseitige Verwendung und sind als Kernstücke in sicherheitsgerichteten Anwendungen mit beliebigem Gefahrenpotenzial integriert.

Diverse Verkehrssysteme sind derart von der Rechnertechnik abhängig, dass deren Betrieb bei gestörter Rechnertechnik faktisch unmöglich ist. Dazu zählen moderne Züge ebenso wie Flugzeuge, aus denen Rechner als sicherheitsgerichtete Steuerungen nicht mehr wegzudenken sind („Fly By Wire").

In Automobilen ist mittlerweile eine Rechenleistung verbaut, die die ersten Rechenanlagen der Pionierzeit wie Mikroben im Vergleich zu hochentwickelten Säugetiere erscheinen lassen. Beispielsweise unterstützt ein rechnergesteuertes Antiblockiersystem den Fahrer bei einer Notbremsung derart, dass der Bremsweg verkürzt wird und das Auto lenkbar bleibt. Auch sind Entwicklungen im Gange, die die Umsetzung der Lenkbefehle auf das Fahrwerk unter Auslassung mechanischer Elemente zum Ziel haben („Drive By Wire").

Andere sicherheitsgerichtete Anwendungen finden sich in Kraftwerken und in der chemischen Industrie. Militärische Anwendungen zählen mit zu den Vorreitern in Bezug auf Einsatz von Rechnertechnik. Sicherheitsrelevanz erlangt in solchen Anwendungen eine ganz besondere Bedeutung, da ihre Auswirkungen leicht globale Ausmaße annehmen können. Auch das Finanzwesen ist heute ohne Rechnertechnik kaum mehr denkbar. Sichere Rechenanlagen sind hier ebenfalls notwendig, da Fehler in diesem Bereich ebenfalls leicht zu wirtschaftlichen Katastrophen führen können.

Durch Fortschritte im Herstellungsprozess elektronischer Chips wurden diese immer preisgünstiger bei gleichzeitig steigender Packungsdichte. Beide Trends führten geradewegs zur aktuellen Situation, dass Rechnersysteme heutzutage äußerst komplex und unübersichtlich sind. Auf Grund dieser Komplexität ist eine Prüfung dieser Rechnersysteme auf sicheres Arbeiten hin schlichtweg unmöglich. Dies steht im krassen Gegensatz zu den sicherheitsgerichteten Anwendungsgebieten, die von Rechnern beherrscht werden.

Meist unterliegen sicherheitsgerichtete Anwendungen zusätzlich dem besonderen Anspruch, echtzeitfähig sein zu müssen. Echtzeitfähigkeit bedeutet hier, dass gestellte Aufgaben zu vordefinierten Zeitpunkten gelöst sein müssen. Viele Anwendungsfälle unterliegen dabei der sogenannten harten Echtzeitbedingung. Bei solchen Systemen ist die Einhaltung der zeitlichen Grenzen unabdingbar, da außerhalb der vorgegebenen zeitlichen Grenzen erzielte Ergebnisse nicht nur nutzlos, sondern sogar gefährlich sind.

In vielen Anwendungsfällen sind die eingesetzten Rechner nicht nur mit einer Aufgabe betraut, sondern mit mehreren Prozessen beschäftigt. Da die eingesetzte zentrale Recheneinheit (der Prozessor) oft nur einmal im Rechner vorhanden ist, konkurrieren die Prozesse um die zur Verfügung stehende Rechenkapazität. Um diese Konkurrenzsituation in der Art zufriedenstellend zu lösen, dass alle Aufgaben den geforderten Echtzeitbedingungen entsprechend zeitgerecht erledigt werden, ist es notwendig, die zentrale Recheneinheit an die verschiedenen Prozesse nach einer sinnhaften Strategie zuzuteilen. Zuteilungsstrategien sind Gegenstand eines eigenen Forschungszweigs. Es ist offensichtlich, dass nur dann erfolgversprechend zugeteilt werden kann, wenn sich die Ausführungszeiten der einzelnen Prozesse genau vorhersagen lassen.

2   Störfaktoren vorhersehbarer Befehlsverarbeitung

Um solche Vorhersagen treffen zu können, ist auf der Prozessorebene genaue Kenntnis der Ausführungszeiten der einzelnen Maschinenbefehle unabdingbar. Dieses Wissen bildet die Basis zur Ermittlung der Ausführungszeit der einzelnen Prozesse. Marktgängige Prozessoren sind heutzutage jedoch mit Komponenten ausgestattet, die die derart ermittelte Ausführungszeit massiv beeinflussen und so die Echtzeitbehandlung erschweren, wenn nicht sogar unmöglich machen.

Rechner, die die Möglichkeit direkten Speicherzugriffs zur Verfügung stellen, führen während der Programmarbeitung zusätzliche Speicherzugriffe aus, die nicht vom gerade ablaufenden Programm herrühren, sondern zwischengeschoben sind, um beispielsweise den Datentransfer zwischen einer Schnittstelle und dem Speicher ohne Zutun des Prozessors abzuwickeln. Ist die Ausführungszeit eines Programms ohne zwischengeschobene Direktzugriffsspeicherzyklen noch berechenbar, und somit im Sinne einer Echtzeitbehandlung auch einplanbar, so verlängert sich die Laufzeit dadurch unvorhersehbar.

Eine Aufteilung der Rechnerleistung auf unterschiedliche Prozesse wird häufig durch Unterbrechungsbetrieb erreicht. Dazu meldet ein Schnittstellenbaustein oder Zeitgeber dem Prozessor einen Unterbrechungswunsch, so dass dieser eine Verzweigung in die jeweils zugeordnete Unterbrechungsroutine ausführt. Durch Retten des Programmkontextes vor und Restaurieren desselben nach der Verzweigung wird rein datentechnisch das unterbrochene Programm in keinerlei Hinsicht beeinträchtigt. Zeitlich betrachtet addiert sich zu der eigentlichen Verarbeitungszeit des unterbrochenen Programms die Verarbeitungszeit der Unterbrechungsroutine.

Die Befehlsverarbeitung in einem Prozessor läßt sich in einzelne Phasen zergliedern: Befehlsholphase, Dekodierphase, Ladephase, Ausführungsphase und Speicherphase. Diese Zergliederung ermöglicht, durch Parallelverarbeitung mehrerer, sich in unterschiedlichen Phasen befindender Befehle die Rechenleistung im Mittel zu steigern. Bei einem sequenziellen Programm ohne Verzweigungen ist die Programmabarbeitung aus zeitlicher Sicht noch überschaubar. Dies ändert sich sofort, wenn im Programmverlauf Verzweigungen auftreten, da dann bereits vorbereitete Befehle nutzlos sind und die Parallelverarbeitungseinheit angehalten und neu angefahren werden muss.

Verdecktspeicher dienen in vielen Rechnerarchitekturen als Zwischenspeicher, um den schnell arbeitenden Rechnerkern vom relativ langsamen Hauptspeicher zu entkoppeln. Diese Eigenschaft steigert die Rechenleistung im Mittel, ist jedoch für die Echtzeitbetrachtung hinderlich. Da sich im Verdecktspeicher immer nur ein Ausschnitt des Hauptspeichers befindet, tritt unweigerlich die Situation auf, dass ein Zugriffswunsch des Rechnerkerns nicht aus dem schnellen Verdecktspeicher direkt abgewickelt werden kann, sondern dass dabei auf den langsamen Hauptspeicher zurückgegriffen werden muss. Daher variieren die auftretenden Zugriffszeiten erheblich und eine exakte Vorhersage der zur Programmbearbeitung benötigten Zeit wird nahezu unmöglich.

3   Echtzeitrechnerarchitektur mit exakt vorhersehbarer Befehlsverarbeitung

Obige Ausführungen begründen die Entwicklung einer Echtzeitrechnerarchitektur, die sich durch übersichtlichen Aufbau und beherrschbare Komplexität auszeichnet. Zudem muss diese neue Rechnerarchitektur deterministische Befehlsverarbeitung bieten. Dies führt direkt zu der Forderung, auf direkten Speicherzugriff, asynchrone Unterbrechungsbehandlung, Parallelverarbeitung und Verdecktspeicher als störende Merkmale zu verzichten. Natürlich muss eine neuartige Echtzeitrechnerarchitektur mehrprozessfähig sein, um in bestimmten Anwendungen mehrere Aufgaben quasiparallel abarbeiten zu können. Da mehrere, von einer Recheneinheit bearbeitete Prozesse die bereits angesprochene Konkurrenzsituation um die zur Verfügung stehende Rechenleistung hervorrufen, bietet es sich an, bei der Entwicklung die Möglichkeit zur allmählichen Leistungsabsenkung als Bestandteil des Rechnerkerns zu berücksichtigen. Der neuartige Entwurf erlaubt es außerdem, auf Register als Zwischenspeicher im Rechnerkern zu verzichten (vgl. [5]).

Heutzutage liefert die Integrationstechnik Chips, die bis zu zwei Milliarden Transistoren in sich vereinigen [1]. Diese hohe Integrationsdichte hat zu Bausteinen geführt, die sowohl den Programm- und Datenspeicher als auch eine Auswahl von Schnittstellenbausteinen zusammen mit dem eigentlichen Rechnerkern als nutzbares Gesamtsystem umfassen. In Anlehnung an diese Konstellation bietet es sich an, auch die neuartige Echtzeitrechnerarchitektur als System zu entwickeln, das sich durch direkte Verkopplung der Speicher und Schnittstellen mit dem Rechnerkern auf einem Chip auszeichnet. Eine solche Anordnung ermöglicht es, ein aufwändiges Mehrfachbussystem zwischen Datenspeicher und Befehlsverarbeitungseinheit aufzubauen. Separierung des Programmspeichers vom Datenspeicher erlaubt dann, unabhängig auf den Programmcode und die zu verarbeitenden Daten zuzugreifen.

Um die Vorhersagbarkeit der Befehlsverarbeitung zu garantieren, wird festgelegt, dass in einem Taktzyklus genau ein Befehl verarbeitet wird, und zwar unabhängig von der Art des Befehls sowie der dabei eingesetzten Adressierungsarten. Da die Peripherieschnittstellen Datenspeicheradressen besitzen, sind sie hinsichtlich der Befehlsverarbeitung Variablen gleichgestellt und strukturell als Bestandteil des Datenspeichers anzusehen. Somit lässt sich die neuartige Echtzeitrechnerarchitektur in die Bereiche Programmspeicher, Datenspeicher und Schnittstellen, Taktgeber und Befehlsverarbeitungseinheit aufteilen (Abb. 1).

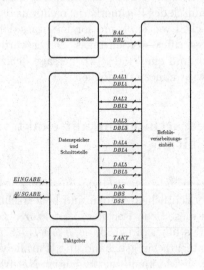

Abb. 1. Rechnerarchitektur

Die Breite der Befehlswörter ist so ausgelegt, dass alle Informationen bzgl. der maximal zwei Operanden und der Ergebnisspeicherzelle sowie zusätzliche Steuerinformationen und der Befehlscode darin Platz finden (vgl. Tabelle 1). Dadurch lassen sich Daten manipulierende Befehle als Dreiadressbefehle auslegen, die sich immer direkt auf den Datenspeicher beziehen. Als Adressierungsarten stehen für die Operanden unmittelbare, absolute und indirekte Adressierung zur Verfügung. Das Ergebnis einer Datenmanipulation wird in einer absolut oder indirekt adressierten Ergebnisvariablen gespeichert.

Tabelle 1. Befehlsformat

61 Bit	Befehlswortbreite:
1 Bit	Adressierungsart Ergebnis: absolut(0), indirekt (1)
16 Bit	Adresse Ergebnisvariable
2 Bit	Adressierungsart Operand 1: unmittelbar (00), absolut(01), indirekt(10)
16 Bit	Operand 1 bzw. Adresse Operand 1
2 Bit	Adressierungsart Operand 2: unmittelbar (00), absolut(01), indirekt(10)
16 Bit	Operand 2 bzw. Adresse Operand 2
1 Bit	Prozessauswahl unterdrücken $PRAU$
1 Bit	Daten in Ergebnisvariable übernehmen DSS
6 Bit	Befehlscode

Die spezielle Struktur der Rechnerarchitektur ist so ausgelegt, dass unter Zuhilfenahme der in den Befehlswörtern zusätzlich enthaltenen Steuerinformationen zur Befehlsverarbeitung und unter Ausnutzung des Mehrfachbussystems zur Ankopplung des Programm- und Datenspeichers an den Rechnerkern (Abb. 2a) keinerlei Mikrocode oder endlicher Automat bearbeitet werden muss, sondern lediglich die befehlskonforme Verschaltung und Auswahl logischer Verknüpfungen herzustellen ist. Tabelle 2 zeigt eine Zusammenfassung der ausführbaren Befehle.

Das nächste abzuarbeitende Befehlswort wird über den Adressbus BAL angesprochen. Das Befehlswort selber wird über den Bus BBL an die Befehlsverarbeitungseinheit angelegt. Die Funktionsweise der einzelnen Adressierungsarten sei hier beispielhaft anhand des Operanden 1 erklärt. Ist für den Operanden 1 unmittelbare Adressierung gewählt, so ist der Operand 1 ein Teil des Befehlswortes. Der Multiplexer am Eingang Op1 der Arithmetisch-Logischen-Einheit (ALE) ist in diesem Fall durch die aus dem Befehlswort ausgekoppelte Adressierungsart so geschaltet, dass dessen Eingang u mit seinem Ausgang verbunden ist. Zur Realisierung der absoluten und indirekten Adressierung von Operanden stellt der Datenspeicher mehrere unabhängige Pfade zum Lesen von Daten zur Verfügung. Die im Befehlswort enthaltene Information zum Operanden 1 wird daher nicht nur am Eingang u des Multiplexers, sondern zusätzlich über den Adressbus $DAL1$ auch an den Datenspeicher angelegt. Der Datenspeicher liefert den Inhalt der dadurch angesprochenen Speicherzelle auf dem Bus $DBL1$ an die Befehlsverarbeitungseinheit. Diese Information steht am Eingang a des Multiplexers an. Ist der Operand 1 absolut adressiert, so ist der Eingang a mit dem Ausgang des Multiplexers verbunden. Als weiteres besteht die Möglichkeit, den Operanden 1 indirekt zu adressieren. Die absolut adressierten Daten am Ein-

Tabelle 2. Implementierte Befehle

Kürzel	Befehl
ZUW	Zuweisung
ADD	Addition
ADDU	Addition mit Übertrag
SUB	Subtraktion
SUBU	Subtraktion mit Borger
UND	Bit-weise Konjunktion
ODER	Bit-weise Disjunktion
XODER	Bit-weise Antivalenz
RL	Rotieren links
RLU	Rotieren links durch Übertrag
RR	Rotieren rechts
RRU	Rotieren rechts durch Übertrag
SLL	Schieben links logisch
SLA	Schieben links arithmetisch
SRL	Schieben rechts logisch
SRA	Schieben rechts arithmetisch
SP	Unbedingter Sprung
SP_LQ	Sprung bei Leistungsabsenkung durch Quittierung
SP_LQR	Sprung bei Leistungsabsenkung durch Quittierung und Reduzierung
SP_UET	Sprung bei Übertrag
SP_N_UET	Sprung bei nicht Übertrag
SP_UEL	Sprung bei Überlauf
SP_N_UEL	Sprung bei nicht Überlauf
SP_NULL	Sprung bei Null
SP_N_NULL	Sprung bei nicht Null
SP_NEG	Sprung bei Vorzeichen negativ
SP_POS	Sprung bei Vorzeichen positiv
SP_G	Sprung bei gleich
SP_N_G	Sprung bei nicht gleich
SP_KL	Sprung bei kleiner
SP_KLG	Sprung bei kleiner/gleich
SP_GR	Sprung bei größer
SP_GRG	Sprung bei größer/gleich
SP_KL2	Sprung bei kleiner (Zweierkomplement)
SP_KLG2	Sprung bei kleiner/gleich (Zweierkomplement)
SP_GR2	Sprung bei größer (Zweierkomplement)
SP_GRG2	Sprung bei größer/gleich (Zweierkomplement)

gang a des Multiplexers sind dazu ebenfalls als Addresse über den Bus $DAL3$ in den Datenspeicher rückgeführt. Da auch dieser Zugriffspfad unabhängig arbeitet, liegt die Dateninformation der so angesprochenen Speicherzelle über den Bus $DBL3$ am Multiplexer vor. Damit genau diese Daten als Operand 1 an die ALE durchgereicht werden, muss die Adressierungsart im Befehlswort so abgelegt sein, dass der Eingang i des Multiplexers zu seinem Ausgang durchgeschaltet ist. Die Adressierungsarten für den Operanden 2 sind sinngemäß mit den verbleibenden Bussen $DAL2$, $DBL2$ und $DAL4$, $DBL4$ realisiert.

Die Adresse der Ergebnisvariable für Daten manipulierende Befehle ist im Falle der absoluten Adressierung Bestandteil des Befehlswortes. Diese Adresse wird über den Eingang a eines Multiplexers auf den Adressbus DAS zur Auswahl der zu beschreibenden Speicherzelle durchgeschaltet. Das eigentliche Ergebnis wird dem Datenspeicher über den Datenbus DBS zugeführt. Die Übernahme der Daten in die ausgewählte Speicherzelle ist streng an das Auftreten der nächsten steigenden Taktflanke gekoppelt, die die Synchronisation aller Vorgänge in der Rechnerarchitektur übernimmt. Ist die Ergebnisvariable über die Adressierungsart im Befehlswort indirekt adressiert, so schaltet der Multiplexer den Datenbus $DBL5$ auf den Adressbus DAS durch. Da zudem die ursprüngliche absolute Adressinformation der Ergebnisvariablen gleichzeitig über den Adressbus $DAL5$ als Adresse zur indirekten Adressierung der Ergebnisvariablen dient und an den Datenspeicher angelegt ist, liefert der Datenbus $DBL5$ den Inhalt der so ausgewählten Speicherzelle als indirekte Adresse. Daten werden nur dann in die adressierte Speicherzelle übernommen, wenn das Signal DSS gesetzt ist, das ebenfalls Bestandteil des Befehlswortes ist. Diese Besonderheit erlaubt es, Operanden miteinander zu verknüpfen, das Ergebnis zu verwerfen, jedoch einen aus der Verknüpfung resultierenden neuen Status zur weiteren Verarbeitung zu erhalten.

Die ALE stellt logische Verknüpfungen zur Realisierung der einzelnen Befehle zur Verfügung. Da einige Befehle vom aktuellen Status beeinflusst werden und teilweise Befehle auch selbst wieder den Status manipulieren, wird über den Bus STA der aktuelle Status an die ALE angelegt und der neu ermittelte Status über den Bus $STAT$ ausgegeben. Der eigentlich auszuführende Befehl wird der ALE als Bestandteil BEF des Befehlswortes mitgeteilt.

Der Bestandteil $PRAU$ des Befehlswortes nimmt nur Einfluss auf die Prozessauswahl. Das gesetzte Signal $PRAU$ hindert die Prozessauswahleinheit daran, bei der nächsten steigenden Taktflanke eine Prozessumschaltung auszuführen. Durch diese Steuerinformation besteht eine einfache Möglichkeit, ununterbrechbare Befehlsblöcke zu bilden.

Zur Beherrschung der Komplexität trägt auch bei, dass der Rechnerkern jedem Prozess einen separaten Befehlszeiger sowie eine ebenso separate Statusspeicherung zur Verfügung stellt (vgl. Abb. 2b). Da keine Register im Rechnerkern integriert sind, ist ein Stapelspeicher zur Kontextsicherung nicht erforderlich. Dieser kann allerdings bei Bedarf durch die implementierten Befehle leicht nachgebildet werden.

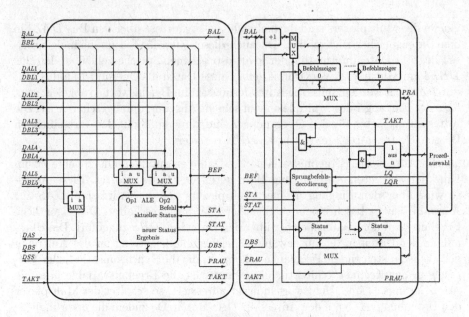

Abb. 2. Befehlsverarbeitungseinheit

Der Bus PRA trägt durch einen Multiplexer dafür Sorge, dass genau der Befehlszeiger auf den Befehlsadressbus BAL durchgeschaltet ist, der dem aktivierten Prozess zugeordnet ist. Ebenso schaltet PRA auch die prozesseigene Statusinformation auf den Bus STA auf, die der ALE und der Sprungbefehlsdecodierung zugeleitet wird. Die Übernahme eines neuen Befehlszeigers in den aktiven Befehlszeiger und eines geänderten Status' $STAT$ in die aktive Statusspeicherzelle findet bei der steigenden Flanke des Signals $TAKT$ unter Berücksichtigung der prozesseigenen Freigabe durch 1-aus-n-Auswahl über eine nachgeschaltete Und-Verknüpfung statt.

Die Sprungbefehlsdecodierung entscheidet beim Erkennen eines Sprungbefehls anhand der Statusinformation STA über den weiteren Programmablauf. Bei Verarbeitung von Sprungbefehlen spiegelt der Bus DBS das Ergebnis der Addition der Operanden 1 und 2 unter Berücksichtigung der jeweiligen Adressierungsart wieder. Die Ausführung des Sprungbefehls führt dann dazu, dass die Information des Busses DBS den neuen Inhalt des aktiven Befehlszeigers bildet; andernfalls schaltet der Multiplexer den Wert $BAL + 1$ als neuen Befehlszeigerwert zur Übernahme durch. Das Signal DSS ist bei Sprungbefehlen nicht gesetzt, so dass keine Daten in den Datenspeicher übernommen werden.

Besonders sind die beiden Signale LQ und LQR zu erwähnen, die der Sprungbefehlsdecodierung von der externen Prozessauswahleinheit zur Auswertung zugeführt werden. Diese beiden Signale dienen der Prozessauswahleinheit dazu, eine Leistungsabsenkung entweder durch Quittierung (nur LQ aktiv) oder durch Quittierung und Reduzierung (LQ und LQR aktiv) als zweite Stufe vom aktiven Prozess einzufordern. Bei geforderter Leistungsabsenkung durch Quittierung werden Programmblöcke durch den Sprungbefehl SP_LQ ausgelassen. Hingegen erlaubt der Sprungbefehl SP_LQR die Verzweigung auf einen diversitären Programmblock für reduzierte Anforderungen.

Die Verbindung der externen Prozessauswahleinheit mit dem Takt sorgt auch in diesem Schaltungsteil für eine synchrone Verarbeitung. Der Prozessauswahleinheit steht es offen, mit dem Eintreffen einer steigenden Flanke des Signals $TAKT$ einen Prozesswechsel herbeizuführen. Da der Rechnerkern keinerlei Datenregister enthält und zudem jedem Prozess einen separaten Befehlszeiger und Statusspeicher zur Verfügung stellt, ist es möglich, einen Prozesswechsel von einem Befehl zum anderen ohne Kontextsicherung durch Verändern des Busses PRA herbeizuführen.

Durch die Auslegung als Harvard-Rechnerarchitektur mit getrennten Speichern für Programme und Daten wird der „von Neumann-Flaschenhals" vermieden. Dazu wird im Gegenzug die Addition von Zugriffs- und Laufzeiten zugunsten einer exakt vorhersagbaren Befehlsverarbeitung in Kauf genommen. Da die Anzahl implementierter Befehle gering ist, handelt es sich bei dem hier vorgestellten Konzept um eine Rechnerarchitektur mit reduziertem Befehlssatz.

4   Zweistufige Leistungsabsenkung

Die hier vorgestellte Rechnerarchitektur ist bereits zur Behandlung zweistufiger Leistungsabsenkung vorbereitet, die es erlaubt, auf zeitliches Fehlverhalten von Prozessen angemessen zu reagieren. Angemessen bedeutet hierbei, dass der Echtzeitrechner bei auftretendem Zeitverzug versucht, weiterhin die wichtigsten Programmteile zu bearbeiten (vgl. [4]). Um dieses Ziel zu erreichen, sind alle Prozesse in Prozessabschnitte zu unterteilen, deren Eigenschaften separat definiert werden. Im Falle eines Zeitverzugs wird dann die Strategie verfolgt, zunächst unwichtige Prozessabschnitte auszulassen (Quittierung dieser Teile). Sollte die so gewonnene Zeit nicht ausreichen, um eine zeitgerechte Erledigung sicherzustellen, wird in der zweiten Stufe der Leistungsabsenkung zusätzlich versucht, Prozessabschnitte abzukürzen, und zwar frei nach dem Motto

„Erst das Unnötige weglassen, dann das Verbleibende möglichst abkürzen."

Der Sprungbefehl SP_LQ markiert genau die Prozessabschnitte, die beim Eintreten der ersten Stufe der Leistungsabsenkung durch Überspringen quittierbar sind. Wenn in der zweiten Stufe der Leistungsabsenkung auch eine Reduzierung gefordert ist, ermöglicht der Sprungbefehl SP_LQR zu Beginn eines Prozessabschnitts die Verzweigung zu einem Programmteil, der durch Software-Diversifikation eine reduzierte Bearbeitung zur Verfügung stellt. Welche Prozessabschnitte wie stark von einer geforderten Leistungsabsenkung betroffen sind, wird bei der Definition der einzelnen Prozesse bzw. Prozessabschnitte festgelegt.

Das bisher gültige und in Abb. 3a dargestellte Prozessmodell erfährt durch die Leistungsabsenkung eine Veränderung, die sich auf den Zustand „rechnend"

auswirkt. Im neuen Prozessmodell wird zwischen rechnend (keine Leistungsabsenkung), rechnend mit Leistungsabsenkung über Quittierung und rechnend mit
Leistungsabsenkung über Quittierung und Reduzierung unterschieden (Abb. 3b).

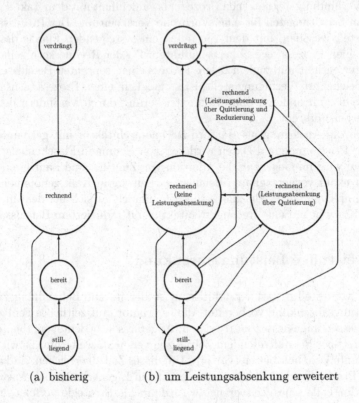

(a) bisherig   (b) um Leistungsabsenkung erweitert

Abb. 3. Prozessmodell

Die Entwicklung der externen Prozessauswahleinheit mit integrierter Leistungsabsenkung ist Bestandteil eines weiteren Entwicklungsschritts.

Literaturverzeichnis

1. Das 2-Milliarden-Transistoren-Biest. Markt & Technik, Nr. 12, S. 29–30, 2008
2. Euler, S.: Rechnerarchitektur. Kursmaterial FH-Gießen-Friedberg, Fachbereich
   MND, Version 1.7, Wintersemester 2005, http://www.fh-friedberg.de/users/
   euler/ra/skript.pdf
3. NEC: NEC Original Microprocessors V series, User's Manual.
4. Schmundt, H.: Würdevoller Verfall. Der Spiegel, Nr. 16, S. 148, 2004
5. Stieger, H., und Halang, W.A.: *Eine hochsprachenorientierte Rechnerarchitektur ohne arithmetische Register.* Paderborn: IFB Verlag 2003
6. Stroetmann, K.: *Computer-Architektur, Modellierung, Entwicklung und Verifikation
   mit Verilog.* München-Wien: R. Oldenbourg Verlag 2007